옛 그림에 숨어 있는
상상의 동물

* 이 책에 실린 사진에 대한 저작권은 이상권과 (주)현암사에 있습니다. 그 외의 사진 출처는 다음과 같습니다.

국립중앙박물관	10p. 강서대묘 청룡 모사도, 12p. 청룡도, 18p. 청자 어룡형 주전자, 24p. 강서대묘 현무 모사도, 30p. 강서중묘 주작 모사도, 33p. 강서대묘 주작 모사도, 51p. 가릉빈가무늬 수막새, 54p. 경주 천마총 장니 천마도, 60p. 기린이 수놓아진 흥선대원군의 흉배, 66p. 무령왕릉 진묘수, 69p. 진묘수, 70p. 삼채진묘수, 80p. 사자 모양 업경대, 83p. 백악춘효, 92p. 청동 신선 무늬 거울
문화재청	8p. 조선 태조 어진, 18p. 청자 상감어룡문 매병, 41p. 창덕궁 대조전 봉황도, 48p. 은해사패불탱, 52p. 문경 봉암사 지증대사탑, 72p. 연잉군 초상
박물관 포털 e뮤지엄	22p. 동래 야류 영노, 22p. 수영 야류 영노, 23p. 통영오광대 영노, 27p. 현무 무늬 수막새, 28p. 현무기, 34p. 주작기, 40p. 봉황각보개, 42p. 공민왕 영정, 56p. 천마기, 58p. 해마기, 75p. 백택기
연합뉴스	84p. 노모도
한국저작권위원회	38p. 일월봉황도, 72p. 영조 임금 초상, 88p. 노예도, 90p. 불가사리 10곡 병풍
wikimedia commons	14p. 약리도, 20p. 화조신선장생도, 36p. 봉황, 64p. 기린, 78p. 해치도, 87p. 가견도

옛 그림에 숨어 있는

상상의 동물

초판 1쇄 발행 | 2015년 5월 15일
초판 5쇄 발행 | 2020년 9월 1일

지은이 | 이상권
펴낸이 | 조미현

책임편집 | 황정원
편집진행 | 윤나래
디자인 | 씨오디 Color of Dream

펴낸곳 | (주)현암사
등록일 | 1951년 12월 24일 · 제10-126호
주소 | 04029 서울시 마포구 동교로12안길 35
전화 | 365-5051 · 팩스 | 313-2729
전자우편 | child@hyeonamsa.com
홈페이지 | www.hyeonamsa.com
페이스북 | www.facebook.com/hyeonami
블로그 | blog.naver.com/hyeonamsa

ⓒ 이상권, 2015

ISBN 978-89-323-7394-2 74600
ISBN 978-89-323-7393-5 (세트)

이 도서의 국립중앙도서관 출판예정도서목록(CIP)은 서지정보유통지원시스템 홈페이지(http://seoji.nl.go.kr)와
국가자료공동목록시스템(http://www.nl.go.kr/kolisnet)에서 이용하실 수 있습니다. (CIP제어번호: CIP2015012190)

* 이 책은 저작권법에 따라 보호를 받는 저작물이므로 저작권자와 출판사의 허락 없이 이 책의 내용을 복제하거나 다른 용도로 쓸 수 없습니다.
* 책값은 뒤표지에 있습니다. 잘못된 책은 바꾸어 드립니다.
* 현암주니어는 (주)현암사의 아동 브랜드입니다.

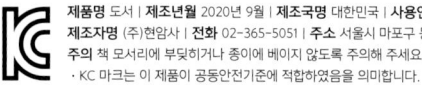

옛 그림에 숨어 있는
상상의 동물

이상권 지음

현암
주니어

| 차례 |

머리말 6

살아 있는 왕을 지켜 주는 황룡, 죽은 사람을 지켜 주는 청룡 8

잉어는 용이 되기 위해서 뛰어오른다, 어룡 14

뱀과 거북이 짝짓기하여 현무신이 되다 24

암컷 수컷이 힘을 합쳐 귀신을 쫓아내는 붉은 새, 주작 30

천 년에 한 번 열리는 대나무 열매만 먹고 살아가는 봉황 36

영원한 사랑을 바라면서 만들어진 상상의 새, 비익조 42

이승과 극락을 오가는 새, 극락조 48

천마를 타고 하늘을 날고 싶었던 인간 54

용과 말이 연애하여 낳은 괴상한 동물, 기린 60

백제 사람들의 무덤을 지켜 준 진묘수 66

귀신의 말을 알아듣는 귀를 가진 신비한 백택 72

해님이 보낸 벼슬아치, 해치 78

개 같기도 하고 사자 같기도 한 모 84

쇠를 먹을수록 커지는 불가사리 90

| 머리말 |

더 행복하게 살기 위해서 만들어 낸 상상의 동물

　옛 그림을 보면 정말 상상도 할 수 없는 신비로운 동물들을 만나게 돼. 나는 그런 동물들을 볼 때마다 어린 시절이 떠오른단다. 불과 30여 년 전 내가 어렸을 때만 해도 사람들은 그런 상상의 동물을 믿었거든.
　바람이 불고 비가 많이 오는 날이면 어른들은 "용이 여의주를 물고 하늘로 올라가기 좋은 날이구나. 용이 하늘로 올라가는지 잘 봐라. 용이 승천하는 것을 보면 평생 좋은 일이 생긴단다." 말씀하셨어. 그래서 아이들은 승천하는 용을 보려고 일부러 강가에서 서성거리기도 했지. 그 당시만 해도 승천하는 용을 보았다는 사람이 많았어. 가난하고 힘들게 사는 사람들일수록 승천하는 용을 보고 싶어 했지. 승천하는 용이 복을 가져다준다고 믿었거든.
　옛날 사람들도 마찬가지였어. 가뭄이 심하게 들어 농사를 지을 수 없게 되면 사람들은 비를 내리게 하는 용을 기다렸지. 뱀을 비롯하여 잉어, 숭어, 미꾸라지, 개구리, 두꺼비, 지렁이 같은 동물들이 도를 닦으면 용이 된다고 생각했어. 사람들은 늘 용을 기다렸고, 꿈에서도 용이 나오는 것을 좋아했어. 용 꿈을 최고로 칠 정도로 좋아했지.
　자식들 중에 누군가 자주 아프면 산에 올라가서 산신령님한테 기도하고 자식을 낫게 해 달라고 빌었지. 특히 산신령님이 타고 다니는 호랑이는 신비로운 능력이 있다고 믿었어. 얼굴은 호랑이나 표범 같은데 하늘을 날아다니고, 가끔은 인간들처럼 두 발로 걸어 다닌다고 생각했지. 그 호랑이는 약이 되는 꿩이나 산토끼를 잡아다가 몸이 아픈 아이가 있는 집에 준다고 했어. 그 호랑이가 준 산토끼 고기를 먹으면 아픈 아이가 낫는다고 믿었지.

　새로 부임해 온 사또가 마구 세금을 거둬들이고 나쁜 짓을 하면 "불가사리가 나타나서 저 못된 사또를 혼내 줬으면 좋겠네!" 하며 불가사리를 기다렸지. 나도 어렸을 때 불가사리라는 상상의 동물을 믿었는데, 그놈은 나쁜 짓 하는 사람들 집에 나타나서 닥치는 대로 다 먹어 치운다고 했어.

　또한 부엌에서 불이 자주 일어나면 모라는 상상의 동물이 그려진 부적을 부엌문에다 붙여 놓았어. 개처럼 생긴 모는 부엌에서 사는 상상의 동물인데 불을 막아 주고 나쁜 귀신들을 쫓아 준다고 믿었지.

　사람들은 자기가 사는 처지에 따라 수많은 상상의 동물을 만들어 냈어. 옛날에는 동물들이 사람들보다 약하지 않았거든. 수많은 호랑이와 표범 들이 산에서 살았고, 사람들은 그런 동물들을 숭배하면서 살았지. 약한 동물들도 있었지만, 옛날 사람들은 모든 동물들이 사람보다 뛰어난 점이 있다고 생각했어. 특히 날개 달린 새들은 사람이 갈 수 없는 저승까지 날아간다고 생각했지. 그래서 상상의 동물은 나라와 민족에 따라 다 달라. 수백 수천 수만 가지의 상상의 동물이 있을 거야.

　나는 그런 이야기를 너희들에게 들려주고 싶었단다. 아쉬운 점이 있다면 내가 들려주고 싶은 상상의 동물은 많은데, 그것이 그림으로 남아 있지 않은 것이 많다는 사실이야. 가령 구미호 같은 상상의 동물도 이야기하고 싶었지만 그림이 없어서 할 수가 없었어. 그런 이야기는 너희들이 상상하기를 바라.

　이 이야기를 읽으면서 너희들도 상상의 동물을 생각해 보렴. 그럼 너희들이 힘들거나 슬플 때 그 상상의 동물이 꿈속에 나타나서 위로해 줄 거야.

– 사람들이 모르는 곳, 상상의 동물들이 살아가는 나라에서
봄 잔치가 벌어진 어느 날, **이상권**

조선 태조 어진 | 조선 전기 | 어진박물관 소장

살아 있는 왕을 지켜 주는 황룡,
죽은 사람을 지켜 주는 청룡

얘들아, 용은 아홉 동물을 합쳐 놓은 신비한 동물이란다. 놀랍지? 낙타 머리에, 사슴 뿔, 토끼의 눈, 소의 귀, 뱀의 목, 잉어 비늘, 호랑이 발, 매의 발톱, 조개의 배 모양이 섞여 있어.

게다가 용은 종류도 많아. 생김새로 구분하면 물고기를 닮은 어룡, 개구리를 닮은 와룡, 지렁이를 닮은 토룡, 거북이를 닮은 귀룡, 새를 닮은 익룡 등이 있고, 몸 색깔에 따라서 까만 흑룡, 노란 황룡, 푸른 청룡, 하얀 백룡 등이 있어. 이 중에서 가장 대표적인 용은 황룡이라고 할 수 있지.

『조선 태조 어진(朝鮮太祖御眞)』에서 볼 수 있듯이 황룡은 왕을 상징한단다. 옛날 왕들은 황룡이 이 세상에서 가장 강력한 힘을 가지고 있다고 생각했어. 그래서 왕이 쓰는 온갖 물건에다 황룡을 새겨 넣었고, 왕이 입는 용포의 흉배에도 황룡을 새겨 넣었지. 용포의 가슴과 어깨에도 황룡의 문양을 새겨 놓았는데 무시무시한 발가락이 다섯 개야. 왕의 옷에 새겨진 황룡만 발가락이 다섯 개고, 왕비나 세자는 발가락 수가 더 적어. 왕이야말로 최고의 용이나 다름없다는 뜻이야. 어디 그뿐인 줄 아니? 왕의 얼굴은 용이나 다름없다고 하여 '용안'이라고 불렀어. 한마

디로 왕은 백성들하고 다르다는 것이지. 그래서 '용의 얼굴'이라고 부른 거야. 상상의 동물 중에서 최고인 용을 끌어들여서 왕을 신처럼 여기도록 한 거야.

그래서 그런지 어린 시절에 황룡을 보았다는 소문은 들어 본 적이 없어. 내가 어렸을 때만 해도 여름철이면 용을 보았다는 사람이 많았거든. 특히 비가 많이 오고 난 뒤에는 어김없이 그런 소문이 돌았어.

"저기 보 근처에서 용이 승천했단다. 아랫마을 호랑 할매가 보셨대. 청룡이었대."

그런데 황룡을 봤다는 사람은 없었어. 아주 오랜 옛날 옛날에는 더 그랬겠지. 만약 황룡을 보았다는 소문이 나돌면 어땠을까? 왕은 불안해지지 않았을까? 자기 말고 다른 왕이 생길 수도 있다는 뜻으로 생각되지 않았을까? 아마 그래서 황룡에 대한 소문은 만들어지지 않았을 거야. 함부로 황룡에 대해 이야기했다가는

강서대묘 청룡 모사도 | 일제 강점기 | 국립중앙박물관 소장

잡혀갈 수도 있었으니까.

옛날 사람들은 죽은 뒤에도 육체를 잘 보존하고 있으면 다시 환생할 수 있다고 믿었어. 특히 왕이나 귀족 들은 무덤을 실제로 살았던 집 못지않게 크게 만들고 그 안에다 청룡, 백호, 주작, 현무 같은 신비로운 상상의 동물들을 그려 놓았지. 그 그림을 '사신도'라고 하는데, 죽은 사람을 해코지하는 귀신들을 물리치는 힘을 가지고 있었어. 청룡은 사신도 중에서 가장 힘이 강하기 때문에 해가 떠오르는 무덤의 동쪽을 담당하는 신이 되었지.

강서대묘의 청룡(靑龍)을 보면, 요즘 우리가 알고 있는 용이랑 많이 달라. 나는 이 그림을 아이들에게 보여 주고 그 첫 느낌을 들은 적이 있어. 대체로 아이들의 반응은

"히히히, 용이 너무 귀여워요. 용은 무시무시하게 큰 턱을 벌리고, 무서운 송곳니를 드러낸 채 불을 내뿜는데, 이 용은 왠지 달라요."

"애완동물이라면 키우고 싶어요. 비늘도 별로 무섭지 않아요. 몸통이 그냥 뱀 같아요."

"발톱만 무섭게 생겼어요. 몸통이 가늘고, 얼굴이 개구쟁이처럼 생겼어요."

"수염도 안 보이고, 눈썹도 안 보여요."

그렇게 말을 했지. 실은 나도 그렇게 생각해. 당시 화가들은 떠돌아다니는 용에 대한 이야기를 듣고 그런 그림을 그렸을 텐데, 조선 시대 그림에 보이는 용하고 많이 달라.

민화에 나오는 청룡이랑 고분 속 청룡을 비교해 보면 재미있을 거야. 민화 속 용은 온몸이 잉어 비늘로 덮여 있어. 입도 길쭉하게 진화했으며, 근사한 귀도 달렸고, 수염도 있으며, 뿔도 있어. 얼굴은 전체 몸통이랑 잘 어울려서 상상의 동물

청룡도 | 19세기 | 국립중앙박물관 소장

이 아니라 실제로 존재하는 완벽한 동물 같아.

　민화인 『청룡도(靑龍圖)』 한 점을 보자. 거대한 청룡 한 마리가 구름 속에서 꿈틀거리고 있구나. 그냥 보기에도 고구려 고분 속에서 본 용하고는 다르지? 몸도 훨씬 커지고, 얼굴도 훨씬 위엄 있게 생겼어. 보는 사람에 따라서 무섭게 느껴질 수 있고, 아주 무시무시한 힘을 가진 동물로 느껴질 수도 있어. 수많은 세월이 흐르면서 용에 대한 상상력이 보태지고 또 보태지면서 용이 이렇게 변한 거야. 사람들은 용을 더욱더 신처럼 받들었고, 그러기 위해서는 용을 더욱더 신비스럽게 묘사할 수밖에 없었어.

　민화 『청룡도』는 일반 백성들이 사고파는 그림이었어. 『황룡도(黃龍圖)』는 함부로 그릴 수도 없었고 살 수도 없었지만, 다른 용들은 자유롭게 사고팔 수 있었거든. 청룡은 나쁜 귀신들을 막아 주고, 흑룡은 비를 내리게 하고, 백룡은 하늘을 잘 난다고 알려졌지. 그리고 모든 용 그림은 자손을 번창시켜 주고, 복을 가져다 준다고 믿었어. 그래서 용 그림은 사람들이 가장 갖고 싶은 그림 중 하나였단다. 집 안에 용 그림이나 용 부적이 있으면 마음이 든든했으니까.

　어때? 너희들도 용 부적 하나 갖고 싶지 않니? 나는 옛날에 태어났다면 용을 열렬하게 믿는 사람이었을 것 같아. 내가 상상하는 용 그림을 하나 걸어 두고 날마다 그 앞에서 절을 하면서 소원을 빌었을 것 같아.

잉어는 용이 되기 위해서
뛰어오른다, 어룡

애들아, 너희들은 무슨 꿈을 자주 꾸니? 나는 어렸을 때 용에 대한 이야기를 자주 들어서 그런지 온갖 용들이 꿈에 나왔어. 특히 잉어가 용이 되어 하늘을 나는 꿈을 자주 꾸었어. 얼굴은 상여 정면에 그려진 도깨비를 닮았고, 몸통은 잉어였단다. 내가 그런 꿈을 꾸었다고 하면 어른들은

"좋은 꿈이다. 올해 운수대통 할 꿈이여."

하고 말씀하셨지만 나는 무서워서 부들부들 떨었어. 만약 책에서 본 용이 나타났다면 그렇게 무섭지 않았을 텐데. 안타깝게도 나는 용이 나오는 책을 본 적이 없었거든.

또 한번은 민화 『약리도(躍鯉圖)』에 나오는 잉어처럼 내가 물 위로 솟구쳐 오르는 꿈도 꾸었어. 아, 그때 얼마나 짜릿했는지 몰라. 엄청난 파도가 치고 있는데 내가 잉어가 되어 하늘로 솟아올랐으니까. 이렇게 잉어가 용이 되려고 뛰어오르는 그림은 민화로 많이 그려졌어.

어렸을 때 우리 마을에서 『약리도』를 본 적이 있어. 그때 마을 어른이 이렇게 설명을 해 주셨어.

"중국 황하 강에 '등용'이라는 큰 폭포가 있단다. 봄이 되어 강물이 불어나면 수많은 잉어들이 폭포 밑으로 모여들지. 물고기들은 위쪽으로 올라가려고 하는 버릇이 있거든. 폭포가 높아서 수많은 놈들이 뛰어올랐다가 떨어지고 또 떨어지는데, 그중 한 놈이 솟구쳐 오른 거야. 그와 동시에 천둥 번개가 치면서 잉어는 용이 되어 하늘로 올라갔단다. 그 후로 '등용문'이라는 말이 생겨났대. 그러니까 이런 그림에는 저 잉어처럼 열심히 공부해서 용이 되라, 출세해라, 그런 뜻이 담겨 있지. 옛날에는 출세를 하려면 반드시 과거를 치러야 했어. 선비들은 이런 그림을 방에다 걸어 놓고, 과거에 급제하는 꿈을 꾸면서 공부를 한 거야."

그 어른은 나한테도 열심히 공부하여 출세하라는 말을 덧붙이셨지. 나는 이렇게 물었어.

"근데 저 그림에 나오는 파도를 보니까 강물이 아니라 바다 같아요. 잉어는 바다에서는 살지 못하잖아요? 그림 틀린 거잖아요?"

내 말에 그 어른은 껄껄껄 웃으셨어.

"맞다. 강이 아니라 바다다. 잉어는 바다에서 못 살지. 하지만 이건 그림이니까 괜찮아. 잔잔한 강물에서 솟구쳐 오르는 잉어를 그리면 감동이 별로 없으니까, 파도가 지글지글 끓고 있는 바다 한복판에서 해를 향해 솟구쳐 오르는 잉어를 그린 거야. 힘든 역경을 이겨 내고 열심히 노력해야만 용이 될 수 있다는 것을 강조한 셈이지. 해는 희망을 의미하기도 하고, 새해를 의미하기도 한단다. 그리고 파도는 조정, 즉 관직을 의미하기도 해. 열심히 노력하여 과거에 합격해서 조정에 들어가라는 뜻으로 일부러 저렇게 거친 파도를 그린 거야. 옛날에는 과거 시험 준비하는 사람의 방에 꼭 이런 그림이 붙어 있었단다."

나는 잉어가 용이 되어 하늘로 올라가는 것을 보았다는 사람도 여럿 보았어. 내가 생김새를 물으면 이렇게들 말했지.

"반짝반짝 물고기 비늘이 달린 기다란 몸통에 호랑이 같은 네 발이 달렸고, 구렁이 같은 입에서는 불을 뿜고 있었단다!"

아쉽게도 나는 아직까지 어룡을 보지 못했단다. 그러다가 절에 있는 목어(木魚)가 어룡이라는 사실을 알았지. 목어는 속이 텅 비어 있어서 막대기로 두드리면 소리가 난단다. 그 소리로 스님들 식사 시간을 알리거나 예불 시간을 알리지. 목어는 무시무시한 용 머리에다 입을 딱 벌린 채 날카로운 이를 드러내고 여의주를 물고 있으며, 툭 불거져 나온 눈과 회초리 같은 수염, 그리고 돼지 같은 코를 가지고 있었어. 그러나 내 생각만큼 특별하지 않았어. 그 정도는 누구나 상상할 수 있을 테니까. 상상력이 퍼져나가다가 만 느낌이었지.

목어 | 전라남도 순천시 선암사 소재

청자 어룡형 주전자 | 12세기 | 국립중앙박물관 소장

청자 상감어룡문 매병 |
조선 초기 | 삼성미술관 리움 소장

절에 있는 목어는 다 달라. 어떤 절에 있는 목어는 여의주도 물고 있지 않아. 목어가 새의 날개 같은 지느러미를 가지고 있는 경우도 있어. 어룡은 상상의 동물이기 때문에 어떻게 만들어야 한다는 정답이 없었어. 다만 스님들이 회의를 하여 어룡의 생김새를 상상하여 결정하는 일은 있었지.

"얼굴은 순한 용처럼 보이게 하되 근사한 뿔을 만들어 주시오, 아직까지 뿔이 달린 목어는 본 적이 없소."

하고 어룡을 만드는 목수한테 부탁을 하는 경우도 있었어.

국보인『청자 어룡형 주전자(靑磁魚龍形注子)』를 보면 고려 시대 사람들이 상상한 어룡을 볼 수 있어. 이 어룡은 사슴 같은 뿔을 달았고 귀도 있어. 그뿐이 아니야. 목도리도마뱀 같은 비늘막도 있어. 어떻게 해서 그런 상상을 했는지 모르겠지만 아주 근사해 보이지 않니?

조선 시대『청자 상감어룡문 매병(靑磁象嵌魚龍文梅瓶)』에 나오는 어룡을 볼까? 어룡이 개구쟁이처럼 입을 벌리고 웃고 있구나. 이 어룡은 여의주를 물고 있지도 않아. 송곳니도 없어. 무시무시한 어룡의 느낌은 전혀 나지 않아. 매병은 생활에서 자주 쓰는 병이기 때문에 무서운 용 그림보다는 편안하고 친근한 그림을 그려 넣은 거야.

조선 후기로 가면서 어룡 그림은 더욱 재밌게 변해 갔지. 민화 한 점을 더 볼까?『화조신선장생도(花鳥神仙長生圖)』라는 그림인데, 연꽃 우산을 쓴 신선들이 상서로운 괴석이 솟아 있는 바다를 건너가고 있어. 맨 앞에 있는 신선은 불로초를 들고 있네. 괴석에서는 수양버들이 솟아올랐고, 그 가지에는 꾀꼬리 어미랑 새끼들이 나란히 앉아 있구나. 참으로 재밌는 풍경이야. 아빠 새가 먹이를 물고 날아오는 것도 보이지? 훨씬 그림이 자유로워졌음을 알 수 있어. 바위나 신선, 불

화조신선장생도 중 일부 | 경기대박물관 소장

로초는 장수를 의미하고, 새는 부부를 의미해. 과거에 합격하여 이름을 널리 알리고, 자식을 많이 낳아 오래오래 행복하게 살라는 뜻이 들어 있는 거야. 어룡을 유심히 보면, 위쪽에 솟구쳐 오르는 놈의 얼굴은 이미 무시무시한 용으로 변해 있구나. 등지느러미도 물고기라고 볼 수 없을 정도로 강력해졌어.

  만약 내가 어룡을 그린다면 호랑이 같은 네 발에다 도마뱀 같은 꼬리, 무소 같은 뿔, 악어 같은 입, 코끼리 같은 송곳니까지 달린 동물을 그려 낼 거야. 자, 너희들도 한번 어룡을 상상하고 그려 보렴.

양반들을 혼내 주는 이무기, 영노

이무기에 대한 전설은 우리나라 어디에 가든 흔하게 들을 수 있어. 지역에 따라서 '이시미', '이심이' 혹은 '영노', '비비', '깡철이'라고 불러. 그만큼 이무기라는 동물을 많이 상상하고 믿었다는 뜻이겠지.

우리 고향 마을 뒷산에도 이무기가 살았다는 계곡이 있었지. 해마다 새해가 되면 수많은 사람들이 그 골짜기에 있는 깊은 못에 찾아가서 바가지 속에다 돈이랑 약간의 음식을 담아서 띄운 다음, 이무기 신에게 절을 하고 빌었어.

"우리 아들 개똥이 놈이 유독 물을 좋아해서 올 여름에도 물가에서 살다시피 할 텐데 비나이다. 이무기 신이시여. 그놈은 우리 집 삼대독자이니 제발 잘 좀 보살펴 주십시오."

이무기란 용이 되려고 하늘에 올라갔으나 여의주를 얻지 못해 다시 땅으로 떨어진 동물이야. 사람들은 이무기도 용 못지않게 신비로운 능력을 가지고 있다고 믿었어. 어른들은 아이들에게

"그 골짜기를 지나갈 때 절대 구슬을 가지고 가면 안 된다. 이무기가 가장 좋아하는 것이 동그란 구슬이니라."

거듭거듭 말했고, 아이들은 그 골짜기를 지나갈 때마다 호주머니에 든 아까운 구슬을 다 버리기도 했어. 이무기가 구슬을 여의주로 착각하고, 구슬을 가지고 있는 아이를 잡아간다고 했거든. 그러면서도 이무기가 어떻게 생겼을까 하는 호기심은 늘 자라기만 했지. 용하고 뱀의 중간이라면, 혹은 용하고 잉어의 중간이라면, 대체 어떻게 생겼을까?

동래 야류 영노 | 광복 이후 | 하회동탈박물관 소장

수영 야류 영노 | 광복 이후 | 하회동탈박물관 소장

국립민속박물관에 있는 이시미인형을 보면 옛날 사람들이 이무기를 어떻게 생각했는지 조금은 알 수 있어. 이시미란 이무기를 다르게 부르는 말이야. 이시미인형은 꼭두각시놀음을 할 때 쓰이는데, 용이 되기 전 상태의 동물을 암시하고 있어. 구불구불 접힌 몸통은 구렁이이고, 얼굴은 사람이랑 뱀이랑 용의 얼굴이 섞여 있어.

이렇게 이무기는 용이랑 뱀이 합쳐져서 탄생한 상상의 동물이라고 할 수 있는데, 그래서 이무기는 사람에 따라 지역에 따라 다 다르게 상상할 수밖에 없었을 거야. 생각하기에 따라서 달라지니까.

비록 용이 되지는 못했지만 이무기는 엄청난 힘을 가지고 있어. 용이 부리는 재주는 거의 다

통영오광대 영노 | 광복 이후 | 하회동탈박물관 소장

부릴 수 있다고 보면 된단다. 비바람을 일으킬 줄 알고, 요술을 많이 익힌 놈들은 천둥 번개까지 동원할 줄 안다고 했어. 그러니 이무기는 두려움의 대상일 수밖에 없었지.

이무기를 그린 그림은 거의 전해지지 않고 있지만 꼭두각시놀음이나 탈놀이에 여러 가지 이무기들이 등장하고 있어. 그중 하나가 영노야. 영노탈을 비비탈이라고도 하는데, 이건 "비비" 하고 소리를 내기 때문이야. 영노탈은 뿔이 있어서 도깨비하고 비슷해. 아마 처음에는 용이나 뱀의 얼굴이었는데 세월이 흐르면서 점차 이런 모습으로 바뀐 것 같아. 사람의 얼굴에 도깨비나 표범 혹은 호랑이 같은 동물들 이미지가 섞여 무서우면서도 위엄이 있는 얼굴이 된 거야. 전설 속에서는 늘 무서운 존재로 나오는 이무기가 정의를 지키는 의로운 상상의 동물로 변한 것이지.

상상의 동물이란 이렇게 만들어지는 거야. 사람들의 필요에 따라서 악한 동물이 되기도 하고, 정의로운 동물이 되기도 하고, 무서워지기도 하는 거야. 그러니 너희들도 이무기를 한번 상상해 보렴. 어떻게 생겼을까?

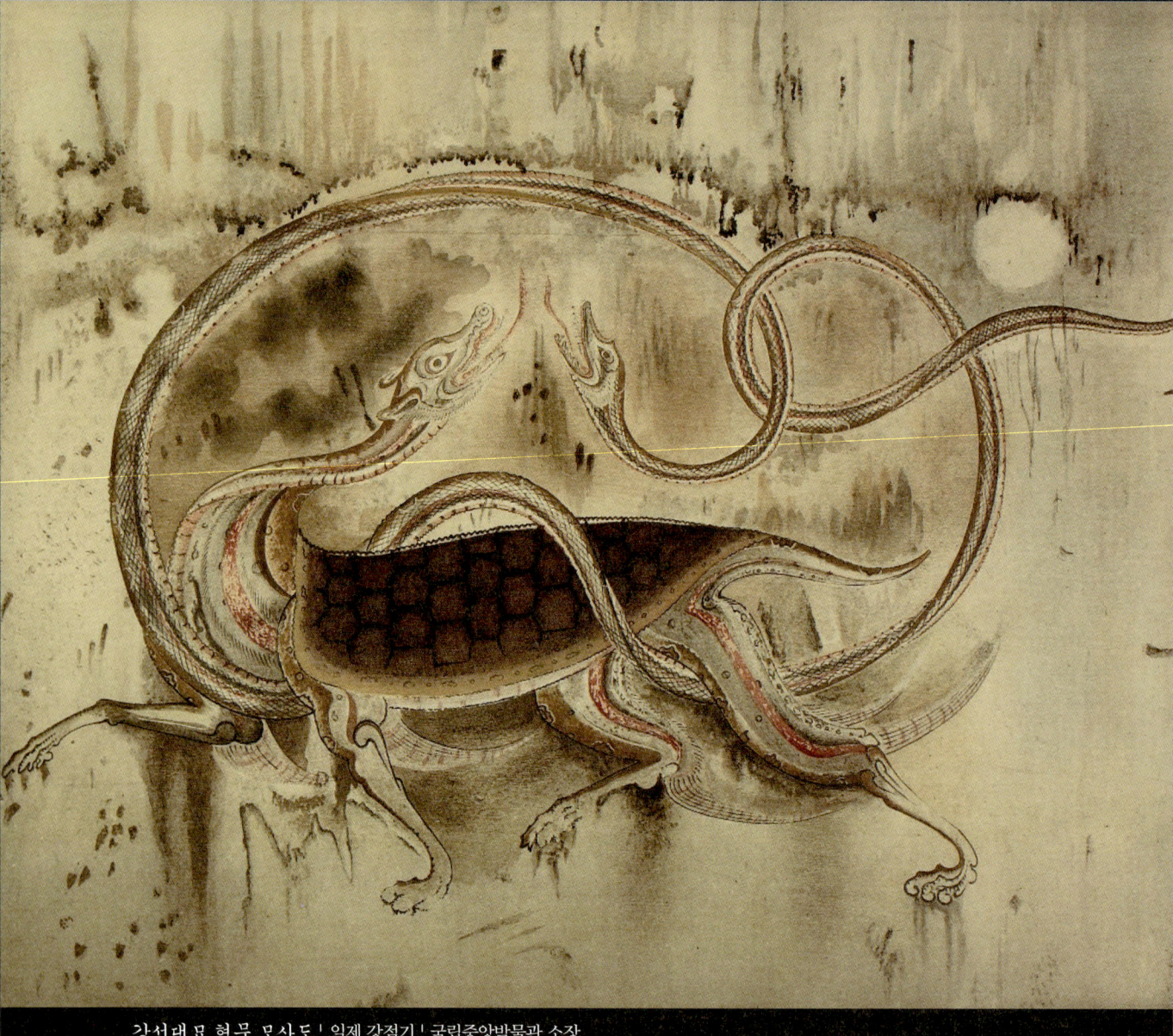

강서대묘 현무 모사도 | 일제 강점기 | 국립중앙박물관 소장

뱀과 거북이 짝짓기하여
현무신이 되다

옛날 사람들이 무덤을 만들 때 동서남북으로 동물 신을 그려 넣었다는 것은 다들 잘 알지?

동쪽은 청룡, 서쪽은 백호, 남쪽은 주작, 북쪽은 현무. 그런데 이상하지 않니? 사신도에 나오는 주작은 비록 두 마리를 배치했지만 같은 종이잖아? 그런데 북쪽을 맡은 현무는 서로 다른 종의 동물 두 마리가 나오거든. 얼핏 보면 거북이랑 뱀이 서로 연결되어 있는 것 같지만 자세히 보면 뱀이 거북을 휘감고 있을 뿐 서로 다른 동물이야. 엄밀하게 말하자면 '사신도'가 아니라 '오신도'인 셈이지. 청룡, 백호, 주작, 거북, 뱀. 그런데 뱀과 거북이 합쳐져서 현무라는 상상의 동물이 탄생한 거야. 청룡이나 백호는 워낙 힘이 센 동물이기 때문에 한 마리만 있어도 어지간한 귀신들을 다 물리칠 수 있었어. 하지만 주작이랑 거북은 청룡이나 백호보다 힘이 약하기 때문에 두 마리를 그려서 힘을 합치게 한 거야. 그런데 이상하지? 주작은 암수 두 마리를 그렸는데, 현무는 거북이랑 뱀을 그렸잖아. 왜 그랬을까? 거북을 두 마리 그리든지 아니면 뱀을 두 마리 그렸으면 될 텐데 말야. 원래 암수가 합쳐지면 더 강력한 힘이 생기잖아? 이걸 옛날 사람들이 몰랐을 리 없었을 텐데 말야.

　사신도란 동서남북을 방어하는 동물 신들이야. 그래서 사람들은 청룡, 백호, 주작, 현무라는 상상의 동물 신을 만들어 낸 거야. 물론 호랑이 중에서도 백호가 있었지만 고분 속에 나오는 백호는 실제 살아 있는 백호하고는 달라. 거의 용하고 비슷한 모습이야. 실제 살아 있는 백호보다 훨씬 과장되게 상상하여 만들어 낸 동물임을 알 수 있지.

　문제는 북쪽을 담당하는 신이야. 처음부터 거북이랑 뱀이 북쪽을 담당했던 것 같지는 않아. 원래는 물에 사는 거북이가 북쪽을 맡는 신이었겠지. 물은 북쪽을 의미하기도 하고 물 색깔이 어두워서 '현(玄)'이라고도 하거든. 그런데 거북이가 다른 동물 신들에 비해서 약했던 모양이야. 그래서 좀 더 강한 힘을 가진 상상의 동물을 만들어 내려고 했으나 그게 잘되지 않았어. 게다가 옛날 사람들은 거북이는 수컷이 없다고 생각한 거야. 그래서 거북이랑 머리 모양이 비슷하게 생긴 뱀을 끌어다가 서로 짝을 짓게 한 거지.

　뱀이나 거북 입장에서 보면 억울하겠지만 둘은 고구려 무덤 속에서 결혼하여 강력한 신이 되었어. 딱딱한 등을 가진 거북이랑 날카로운 이를 가진 뱀이 만났으니 천하무적이 된 셈이야. 그래서 '용감하다'는 뜻의 '무(武)'를 더하여 현무가 된 거지. 이렇게 서로 다른 동물이 짝을 짓게 되면서 두 동물은 완벽한 상상의 동물이 되어 북쪽에서 침투하는 온갖 귀신들을 막아 내는 든든한 동물 신이 되었어. 그러니까 강서대묘 현무에 나오는 거북은 암컷이고, 뱀은 수컷이야. 수컷이 암컷을 칭칭 감고 누구든 덤비면 가만두지 않겠다고 입을 벌리고 무섭게 위협하는 거지.

　강서대묘에 살고 있는 현무를 봐. 짝을 짓고 있는 모습이 마치 같은 종의 암수처럼 보여. 서로 다른 종이라는 느낌이 들지 않아. 두 동물의 머리를 보면 거의 똑같이 생겼어. 몸통만 다를 뿐이야. 특히 수컷인 뱀의 기백이 대단해 보여. 기다란 몸으로 암컷인 거북의 몸을 살짝 휘감았으나 교묘하게 꼬리를 감춤으로써 마치 둘의 몸이 하나로 연결되어 있는 것 같아. 수컷인 뱀은 위로 솟구쳐 오른 몸을 과시하듯이 몇 번이나 칭칭 감은 다음 암컷인 거북의 얼굴을 마주 보고 있어.

"내가 다 지켜 줄 테니까 안심하고 있어."

하고 암컷인 거북을 위로하는 것 같아. 거북은 그런 수컷을 믿음직한 눈빛으로 쳐다보고 있어.

강서대묘 현무 그림 속 거북은 바다에서 살고 있는 거북이 아니야. 우선 네 발을 보렴. 바다에서 사는 거북은 발이 아주 짧아서 자기 몸을 땅에서 들어 올리지도 못해. 기껏해야 모래사장으로 나왔을 때 배를 땅에다 대고 기어 다니는 데 쓸 뿐이야. 거북의 발은 물속에서 헤엄칠 때 지느러미 역할을 하거든. 그런데 이 녀석의 발을 보면 꼭 사자나 호랑이 같아. 게다가 목은 얼마나 기니? 이것도 실제 거북하고 달라. 거북은 이렇게 목이 길지 않아. 그러니까 이 거북은 실제 거북하고 생김새가 비슷하기는 해도 한층 강력해진 상상의 동물이야. 입에서는 불을 내뿜고, 발은 호랑이처럼 강해지고, 갑옷은 용 비늘보

현무 무늬 수막새 | 중국 후한 시대 | 국립중앙박물관 소장

현무기 | 조선 시대 | 국립고궁박물관 소장

다 더 단단해졌어.

　이렇게 암컷인 거북이랑 수컷인 뱀을 짝짓게 한 것은, 죽은 사람이 다시 환생할 수 있다는 강한 믿음을 엿볼 수 있는 대목이야. 온갖 나쁜 귀신들을 물리치고 저 거북과 뱀이 짝짓기하여 새로운 생명이 탄생하면, 무덤 속에 있는 죽은 사람도 살아날 수 있다고 믿은 것이지. 또한 후손들은 장수를 누린다고 믿었어. 거북은 단단한 갑옷으로 덮여 있으니 창과 칼로 찔러도 죽지 않아. 게다가 무서운 독과 불을 내뿜는 뱀이 있으니 누구든 쉽게 공격하지 못해. 그러니 오래 살 수밖에 없지. 이렇게 현무는 죽은 사람과 산 사람 모두에게 희망이 되는 동물 신이었어. 현무는 강력한 힘을 가진 동물 신이 되는 바람에 '군신(軍神)'이라고도 했어. 창과 방패를 다 가지고 있으니 어떤 적을 만나도 다 이길 수 있잖아? 그래서 군사들이 싸우는 무기도 현무처럼 검게 칠해서 사기를 돋우고, 군사들이 들고 다니는 깃발에도 『현무기(玄武旗)』가 등장하였던 거야.

강서중묘 주작 모사도 | 일제 강점기 | 국립중앙박물관 소장

암컷 수컷이 힘을 합쳐
귀신을 쫓아내는 붉은 새, 주작

　　애들아, 옛날 사람들은 닭을 영물이라고 생각했단다. 닭이 새벽에 우렁찬 목소리를 터트려서 어둠을 물리쳐 준다고 믿었거든. 대부분의 귀신들은 밤에 활동하다가 해가 뜨면 힘을 잃어버리지. 그래서 옛날 사람들은 닭을 보고 미련한 닭대가리라고 놀리지 않았어.

　봉황은 닭이랑 여러 동물들을 합쳐서 만들어 낸 동물이야. 봉황은 새 중에서 왕으로 통하고, 신선들하고 사는 새로 알려졌어. 주작도 닭을 기본으로 하여 상상 속에서 만들어진 동물이야. 봉황이 먼저 만들어졌는지 주작이 먼저 만들어졌는지 그건 알 수 없어. 분명한 것은 인간이 야생 닭을 길들여서 키운 다음에 두 상상의 동물이 만들어졌다는 거야.

　주작은 닭보다 어둠을 물리치는 힘이 더 강했어. 그래서 주작은 청룡, 백호, 현무와 함께 무덤 속을 지키는 신이 될 수 있었지. 주작은 햇살이 가장 잘 들어오는 남쪽에 배치되었어. 그곳을 밝게 하면 무덤 속이 항상 환할 것이라고 생각한 거지. 어둠을 물리치는 닭에다가 신선들하고 같이 사는 봉황까지 닮은 주작이 두 날개를 활짝 펴서 소리치면, 아무리 강한 귀신이라고 해도 달아날 수밖에 없었대.

고구려 고분인 강서중묘에 있는 주작 그림을 보면, 두 마리의 새들이 큰 날개를 펼치고 귀신을 쫓는 장면을 볼 수 있어. 비록 새라고 하지만 아랫배를 보면 용 비늘로 덮여 있어서 어지간한 창이나 화살을 맞아도 죽지 않아. 게다가 날갯짓을 하면 집채만 한 바위가 날아갈 정도로 강한 바람이 일어나고 높은 산에 올라 소리치면 천둥 같은 소리가 났어. 그런 주작이 날갯짓을 하면서

"이 못된 귀신들아, 다 물러가라!"

하고 소리치면서 불까지 내뿜고 있으니, 감히 어떤 귀신이 덤벼들겠니? 다른 방향을 지키고 있는 백호나 청룡 혹은 현무보다도 훨씬 용감해 보여. 게다가 이 놈들은 암수 두 마리가 힘을 합쳐서 귀신을 막아 내고 있으니 더 힘이 셀 수밖에 없지.

오른쪽에 있는 벼슬이 큰 놈이 수컷이야. 옛날 사람들은 암수가 합쳐졌을 때 가장 큰 힘이 나온다고 생각했어. 무덤 속 벽에다 그린 그림이지만 실제로 주작이 눈앞에서 날갯짓을 하는 것처럼 생생하게 느껴지는구나. 실제로 주작을 보지 않았다면 그릴 수 없는 그림이라는 생각이 들어.

눈을 보렴. 강렬한 표정까지 살아 있어. 이 그림을 그리기 위해서 이름 없는 고구려 화가들은 수많은 주작에 대한 그림을 보았을 것이며, 주작에 대한 이야기를 들었을 것이며, 몇 달 혹은 몇 년간 주작을 보기 위해서 찾아다녔을 거야.

옛날 사람들은 주작이 실제로 존재하는 동물이라고 믿었거든. 그건 봉황도 마찬가지야. 다만 보기 힘들 뿐이라고 생각한 것이지. 그러니 얼마나 많은 날들을 고민하고 토론하면서 그렸겠니? 저 벽화 속에는 우리가 알 수 없는 수많은 화가들의 숨결이 묻어 있다고 생각하면 돼.

옛날 사람들이 이렇게 주작이라는 상상의 동물을 만들어 낸 것은 죽은 사람을

강서대묘 주작 모사도 | 일제 강점기 | 국립중앙박물관 소장

배려하기 위해서야. 비슷한 동물인 봉황이 있었지만, 봉황은 귀신하고 맞설 수 있을 정도로 힘이 센 동물이 아니야. 봉황은 살아 있는 생명체를 함부로 먹지도 않고, 살아 있는 나뭇가지에 함부로 앉지도 않아. 물론 입으로 불을 뿜지도 않아. 그러니 봉황을 무덤 속으로 보낼 수는 없었을 거야. 그래서 또 다른 상상의 새가 필요했고, 그렇게 해서 만들어진 것이 주작이야. 다시 말하자면 봉황은 살아 있는 사람들을 위해서 탄생시킨 상상의 동물이고, 주작은 죽은 사람들을 위해서 탄생시킨 상상의 동물이라고 할 수 있어.

원래 주작이란 닭처럼 생긴 붉은 새를 말해. 그래서 옛날에는 닭을 그려 놓고 주작이라고 부르기도 했고, 봉황을 그려 놓고 주작이라고도 하였지. 사실 봉황하

주작기 ' 조선 시대 ' 국립고궁박물관 소장

고 주작은 구분하기가 쉽지 않아. 주작은 생김새가 봉황이랑 비슷했는데, 실제 그림을 그리는 사람들도 봉황이랑 주작을 혼동하는 경우가 많았어. 신선들이랑 같이 그려 놓으면 봉황이고, 무덤 속에다 그려 놓으면 주작이 되었지.

조선 시대 의장기였던 『주작기(朱雀旗)』를 보면 좀 특별하게 생긴 주작을 만날 수 있어. 세 마리의 주작이 나란히 서 있는데, 여섯 개여야 할 발이 세 개밖에 없네. 이게 어찌 된 일일까? 날개도 꼭 한 마리만 펼치고 있는 것 같아. 이 그림을 보면 여러 가지 상상이 가능해. 우선 몸통은 하나인데 얼굴이 세 개가 붙어 있는 주작을 상상할 수가 있어. 우리가 알고 있는 주작보다 더 강력한 힘을 가진 동물을 상상해서 진화시킨 것이지. 하나의 몸에 얼굴이 세 개나 붙어 있으면 더 신비롭고 강해진다고 믿었을 거야. 그게 아니라면 가운데 있는 주작이 날개를 펼치고 있으며, 양쪽에 있는 주작들은 외발로 서 있다고도 볼 수 있어. 그러니까 세 마리가 외발로 서 있는 거야. 역시 한 마리보다 세 마리가 있을 때 훨씬 힘이 강해지겠지. 그래서 세 마리를 그렸을 수도 있어. 머리가 세 개인 주작인지 아니면 세 마리를 특이하게 그려 놓은 것인지 그건 몰라. 너희들이 한번 상상해 보렴.

　애들아, 나는 주작 이야기를 하면 자꾸만 닭이 떠올라. 너희들이 좋아하는 통닭이 얼마나 대단한 동물이었는지 잊히는 사실이 안타까워. 이제는 캄캄한 어둠을 몰아내는 닭 울음 소리도 들을 수 없고, 봉황이나 주작의 근본이 된 닭의 근사한 모습도 거의 볼 수 없잖아? 아무도 닭을 신비로운 동물이라고 생각하지 않는 것이 너무 안타까워.

봉황 | 온양민속박물관 소장

천 년에 한 번 열리는
대나무 열매만 먹고 살아가는 봉황

애들아, 내가 어렸을 때만 해도 닭을 아주 많이 키웠어. 해마다 봄이 되면 암탉들이 병아리를 까는데, 보통 십여 마리의 병아리를 키웠어. 병아리들이 무럭무럭 자라나서 초가을이 되면 수컷들은 누가 누가 더 힘이 세나 서로 힘 자랑도 하고, 누가 누가 더 우렁차게 울어 대나 목소리 자랑도 해. 그때부터 사람들도 수컷들을 관심 있게 지켜보지. 왜냐면 씨장닭을 정해야 하거든. 보통 암탉 십여 마리에 수탉을 한 마리만 두니까, 경쟁이 치열해. 씨장닭은 보통 남자들이 정하는데 우리 집에 남자라고는 할아버지하고 나밖에 없었어. 할아버지는 내가 닭 모이를 줄 때마다 옆으로 오셔서 말씀하셨지.

"씨장닭이란 좋은 곡식 종자나 마찬가지다. 종자가 나쁘면 아무리 좋은 땅에다 퇴비를 많이 넣고 뿌려도 농사가 잘되지 않는다. 수탉도 종자가 좋아야 암탉이랑 짝짓기해서 크고 건강한 병아리를 낳는 법. 그러니까 우선 수탉이 크고, 튼튼해야 하고, 목소리가 우렁차야 한다. 그리고 봉황처럼 잘생겨야 한다."

할아버지는 늘 봉황처럼 생긴 수탉을 고르라고 하셨는데, 나는 봉황을 한 번도 본 적이 없어서 제대로 고를 수가 없었어. 할아버지가 고른 수탉은 한마디로 잘

일월봉황도 | 금오당미술관 소장

생긴 수탉이었어. 벼슬이 붉고 버섯처럼 위로 솟아올랐으며, 깃털도 붉고 화려했어. 나는 봉황이 그런 수탉하고 비슷하게 생겼을 것이라고 생각했지.

내가 어렸을 때는 민화 봉황도 병풍을 가지고 있는 집이 많았어. 그 병풍 속에 나오는 봉황의 모습은 다 달랐어. 어떤 봉황은 진짜 닭하고 비슷하고, 어떤 놈은 꿩하고 비슷하고, 어떤 놈은 날개가 꼭 오리 같고, 어떤 놈은 꼬리가 공작 같았어.

그러던 어느 날 아랫마을에 사는 친구네 집에 가서 봉황도 병풍을 보게 되었어. 그 병풍은 『일월봉황도(日月鳳凰圖)』하고 거의 비슷했어. 오동나무 가지가 뻗어 있고, 나무는 괴상한 돌에다 뿌리를 내리고 있었어. 두 마리의 봉황이 그 나무에 앉아서 떠오르는 해를 바라다보는 그림이었지. 그때 나는 처음으로 봉황은 수컷만 있는 게 아니라 암컷도 있다는 사실을 알았어. 친구 아버지께서 병풍에 그려진 봉황도를 설명해 주셨어.

"봉황은 신선이나 다름없는 영물이야. 그래서 보통 새들처럼 살아 있는 벌레들은 잡아먹지 않고, 살아 있는 풀에도 앉지 않아. 오직 천 년에 한 번 꽃이 피고 나면 열린다는 대나무 열매만 먹고, 신선들이 마시는 물만 먹고, 오동나무에만 앉아서 살아간단다. 또 닭의 머리, 뱀의 목, 황새 이마, 사람 눈, 올빼미 귀, 제비의 턱, 두루미 발, 매 발톱, 거북의 등, 물고기의 꼬리를 갖추고 있으며, 수컷을 봉이라고 하고 암컷을 황이라고 해서 '봉황'이라고 해. 봉황은 어진 왕을 뜻하기도 하지만, 민화에 그려진 봉황은 '닭이 천이면 봉황이 한 마리 있다'는 속담처럼 사람이 많으면 그중에서 훌륭한 인물이 나온다는 뜻으로 많이 쓰인단다. 그러니까 이 그림을 풀이해 보면 새로운 해가 뜨는 정월 초하루에 봉황이 나타났으니 올 한 해는 모두모두 건강할 것이요, 집안에서 과거에 급제하는 훌륭한 인재가 나타날 것이라는 뜻이다."

봉황은 상상의 동물이다 보니 그리는 사람에 따라서 조금씩 생김새가 달라질 수밖에 없었어. 『일월봉황도』를 보면 오른쪽에 벼슬이 크고 깃털이 화려하게 생긴 놈이 수컷이고 왼쪽에 있는 것이 암컷이야.

봉황은 이 그림처럼 오동나무하고 짝꿍이야. 왜냐하면 봉황은 다른 나뭇가지에는 앉지 않고 오동나무에만 앉는 새거든. 그러니까 봉황을 그리면 반드시 오동나무를 그려야만 했어. 요즘은 오동나무가 귀하다지만 내가 어렸을 때만 해도 오동나무는 마당가에서 흔히 볼 수 있는 나무였단다. 옛날에는 오동나무로 장롱을 만들었어. 그래서 집 안에다 서너 그루 심어 놓고 딸이 시집갈 때 그걸 베어서 장롱을 만들어 주었지.

오동나무는 줄기가 듬성듬성 나기 때문에 큰 새가 아니면 집을 지을 수가 없어.

이파리는 사람 얼굴을 가리고도 남을 정도로 큰데, 구더기가 많은 뒷간에다 하나만 던져 넣어도 구더기들이 죽었어. 그만큼 오동나무 이파리는 독해. 그렇게 독해서 그런지 오동나무에는 벌레가 잘 꼬이지 않고 줄기가 곧고 깨끗해서 옛날 선비들이 좋아했어. 그래서 봉황이 오동나무를 좋아하는지도 몰라.

예로부터 봉황은 황제나 왕을 상징했어. 봉황은 왕이 나라를 잘 다스릴 때 나타난다고 해서 태평성대를 의미하기도 해. 그래서 궁궐 장식이나 흉배에도 봉황 그림이 쓰였지. 임금이 업무를 보는 건물 안 중앙 천장에도 봉황이 있었어. 그것을 『봉황각보개(鳳凰刻寶蓋)』라고 하는데, 두 마리의 봉황이 가운데 있는 커다란 여의주를 향해 날고 있지. 여의주 주위에는 신비로운 구름을 그려 놓았어. 든든한 봉황이 지켜 주는 한 그 여의주는 안전할 거야.

『창덕궁 대조전 봉황도(昌德宮大造殿鳳凰圖)』를 보렴. 봉황 열 마리가 날고 있으

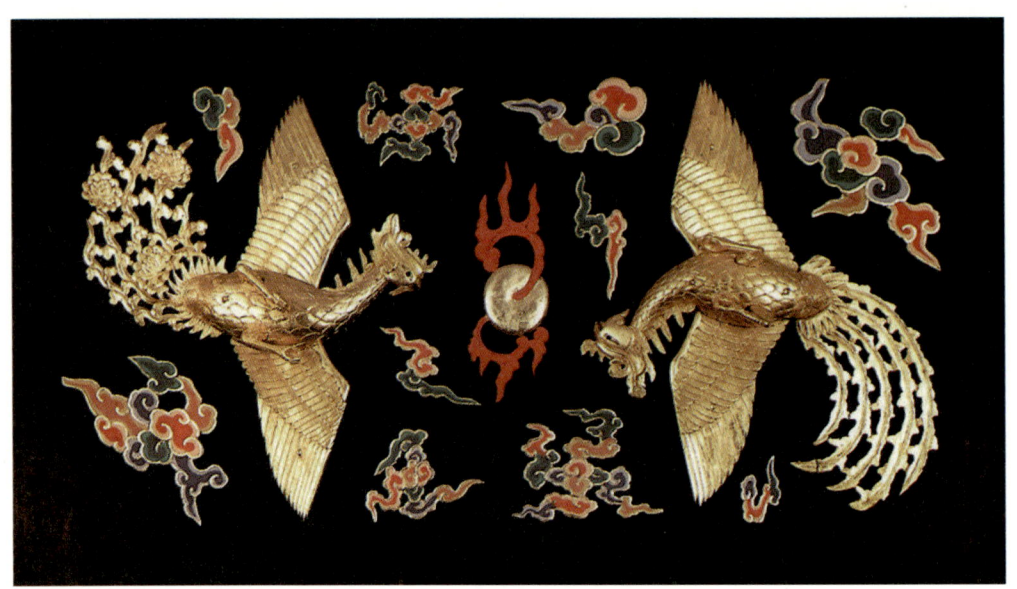

봉황각보개 | 조선 시대 | 국립고궁박물관 소장

창덕궁 대조전 봉황도 | 오일영·이용우 그림 | 일제 강점기 | 문화재청 소장

며, 바다, 구름, 해, 폭포, 바위, 오동나무, 대나무, 모란꽃, 작약 등이 그려져 있어. 바위는 장수를 의미하고, 폭포는 백성, 오동나무는 형제간의 우애, 대나무는 변함없는 충성, 모란과 작약꽃은 부귀영화, 붉은 해는 왕을 상징해. 어진 왕이 나타나서 왕실도 편안해지고 만백성이 다 잘사는 태평성대가 오기를 바라는 뜻으로 그려진 것이지. 저렇게 많은 봉황들이 실제로 날아다닌다면 얼마나 보기 좋을까? 상상만 해도 기분이 좋아지네. 오늘 밤에는 봉황들이 나오는 꿈이라도 꾸어야겠구나.

공민왕 영정 | 고려 시대 | 국립고궁박물관 소장

영원한 사랑을 바라면서
만들어진 상상의 새, 비익조

    자, 이번에는 먼저 근사한 그림 한 폭을 보면서 이야기를 시작할게. 이 그림은 『공민왕 영정(恭愍王影幀)』이야. 고려의 공민왕과 노국 공주의 초상화지. 노국 공주는 고려 사람이 아니라 원나라 사람이야. 원나라하고 전쟁을 해서 진 고려는 원나라를 황제의 나라로 받들고 해마다 엄청난 조공을 바쳐야 했지. 왕은 결혼도 마음대로 할 수 없었어. 공민왕은 원나라 황제의 뜻에 따라 원나라 공주하고 강제로 결혼을 했지. 하지만 공민왕은 그 공주를 무척 사랑했어. 비록 다른 나라에서 왔지만 서로 마음이 잘 맞았거든.

    이 그림을 보면 두 사람의 마음이 잘 표현되어 있어. 초상화 아래쪽을 보면 오리로 보이는 두 마리 새가 그려져 있는데 이것은 두 사람이 오래오래 행복하게 살기를 바라는 뜻으로 그려진 거야. 초상화에 이런 새 그림이 그려진 것은 아주 드물어. 그만큼 두 사람이 서로를 사랑했다는 뜻이야. 초상화를 그린 화가는 두 사람의 얼굴 못지않게 그 새를 중요하게 생각했을 거야. 만약

    "왜 굳이 오리를 그려 넣으려고 하느냐?"

    하고 왕이 물었다면

"오리 두 마리가 들어가면 두 분의 사랑이 천년만년 이어질 것입니다."

하고 대답했을 것 같네. 이렇게 오리나 기러기는 부부의 영원한 사랑을 기원하는 새였는데, 현실에서는 영원한 사랑이 이루어지질 않았어. 어느 한쪽이 병이 나서 먼저 죽는 경우도 있었고, 전쟁이나 큰 사고를 당해서 죽는 경우도 있었고, 또 다른 이유로 헤어질 수도 있었어. 그러자 더 완벽한 사랑을 갈망하는 사람들은 상상의 동물을 만들어 내기 시작했지. 신이 아니고서는 헤어질 수 없도록 두 마리의 새를 한 마리로 합쳐 버린 거야. 새의 몸을 찢어 내기 전에는 둘이 헤어질 수 없도록 상상해 낸 것이지. 그 새가 바로 비익조야.

덕흥리 고분 벽화를 보면 머리가 두 개인데 몸통은 하나인 새를 볼 수 있어. 이게 영원한 사랑을 갈망하는 사람들이 상상 속에서 만들어 낸 새, 비익조야. 공민왕과 노국 공주 초상화 아래에 있는 새 두 마리는 둘 중 하나가 죽거나 등을 돌리면 그만이지만, 이 비익조 벽화를 보면 그런 말이 나올 수가 없어.

그렇다면 비익조는 어떤 새가 변해서 된 것일까? 고분 벽화에 나오는 비익조는 꼬리 깃털이 길고 붉은색인 것으로 보아 역시 봉황 같아. 어떤 지역에서는 학하고 비슷하게 생겼다고 하고, 또 어떤 지역에서는 봉황이나 닭하고 비슷하게 생겼다고 했어. 얼굴 생김은 달라도 하나의 몸에 얼굴이 두 개인 것만은 똑같아.

"우린 죽어도 헤어질 수 없어!"

하고 절대로 헤어질 수 없다는 강렬한 의지를 드러낸 거야.

비익조는 암수가 각각 좌우 한 개의 눈과 날개를 가지고 있어서 서로 마음을 합치지 않으면 날 수가 없어. 어느 한쪽만 날갯짓을 해서는 날 수가 없다는 뜻이야. 반드시 둘 다 날갯짓을 해야만 날 수가 있지.

이런 비익조가 세월이 흐르면서 『쌍두인면조(雙頭人面鳥)』처럼 변하기도 했어.

쌍두인면조 | 경기도 남양주시 흥국사 시왕전 소재

쌍두인면조는 반은 인간이고 반은 새인 상상의 동물이야. 한 마리 새의 몸통에 인간의 얼굴이 두 개나 그려져 있어. 사람의 얼굴이랑 새의 몸통이 조금 무거워 보이기는 하네. 다리를 좀 더 굵고 튼튼하게 그려야 할 것 같아. 그렇게 생각하면 타조 같은 새가 딱 어울리는데 이 새의 몸통은 공작이나 봉황인 것 같아. 꼬리 깃털이 알록달록 화려한 것을 보니까 말야.

만약 저런 동물이 있다면 인간이라고 해야 하나, 새라고 해야 하나? 어쨌든 재밌을 것 같아. 새처럼 지저귀지 않고 인간들 목소리로 노래하면서 자유롭게 날아다니고, 알을 낳고, 둥지를 짓고. 생각할수록 재밌구나!

『쌍두인면조』가 비익조하고 다른 점은 새의 얼굴이 인간의 얼굴로 바뀌었다는 점이지. 그렇지만 이 동물도 비익조라고 할 수 있어. 오랜 세월이 흐르면서 비익조가 이렇게 상상 속에서 변화된 것이지. 영원한 사랑을 갈망하는 인간들의 소망이 더 솔직하게 혹은 더 간절하게 표현된 거야.

칠월칠석날 장생전에서
깊은 밤 아무도 모르게 한 약속
하늘에서는 비익조가 되기를 원하고
땅에서는 연리지가 되기를 원했네
높은 하늘 넓은 땅 사라질 때까지
이 사랑은 끝없이 계속 되네

「장한가(長恨歌)」 중 일부

이 시는 당나라 시인 백거이가 황제인 현종과 양귀비의 사랑을 보고 노래한 거야. 연리지는 뿌리가 다른 두 나무의 가지가 닿아 하나의 가지처럼 보이는 나무를 말해. 하늘과 땅이 사라질 때까지 영원히 사랑한다는 가사가 애절하지? 하늘과 땅이 사라질 수는 없으니까, 결국 죽어서도 영원히 헤어지지 않겠다는 강한 의지를 드러낸 거야. 애들아, 너희들도 꼭 이런 사랑을 해 보기를 바라.

은해사 괘불탱 중 극락조 | 조선 시대 | 경상북도 영천시 은해사 소재

이승과 극락을 오가는 새,
극락조

해마다 사월 초파일이 되면 우리 할머니는 내 손을 꼭 잡고 절에 가셨는데, 그 절은 산을 수십 개 넘어야 나타났어. 산 중턱에 있는 자그마한 절이었지. 우리 할머니는

"살아가면서 착한 일을 많이 하면 복을 받아 극락에 가서 또 좋은 동물로 생겨나지만, 나쁜 짓을 하면 지옥에 갈 뿐만 아니라 나쁜 동물로 생겨난단다."

하고 말씀하셨는데, 그 말을 들을 때마다 내가 때린 친구도 떠올랐고 내가 발로 찬 이웃집 개도 떠올라서 다시는 그러지 않아야겠다고 다짐했지. 할머니는 특히 새들을 좋아하셨어. 새란 인간 세상이랑 극락세계를 오가는 동물로 착한 일을 해야 생겨나는 동물이라고 하셨지.

"사람이 죽으면 저승으로 가야 해. 거길 가기 위해서는 큰 다리를 건너야 하는데 그 다리 앞에는 극락으로 사람을 태우고 가는 극락조가 있단다. 착하게 살아온 사람은 극락조를 타고 편안하게 극락으로 가지만, 못되게 살아온 사람은 온몸에서 불이 나는 뱀이 입에다 물고 지옥으로 가는 것이여."

할머니는 새들도 극락조가 되는 게 꿈이라고 하셨어.

"뱀이 용이 되려고 하는 것이나 똑같은 것이여. 한 번 극락조가 되면 영원히 극락조로 살아갈 수 있거든. 극락조는 천 년을 사는데, 수명이 다하면 불에 뛰어들어 타 죽는 모양이야. 죽으면서 알을 하나 낳는데, 그 알에서 깨어난 새가 바로 불에 타 죽은 그 새란다. 그러니까 죽었다 살았다 하기를 되풀이하는 것이제."

나는 그 절에 가서 극락조를 처음 보았지. 법당 벽화였는데, 서너 마리의 극락조가 춤을 추듯이 날고 있었어. 할머니는 그 극락조를 가리키시면서

"나는 뒷산에서도 이 놈을 본 적이 있다. 몸통은 새이고, 얼굴은 고운 각시 모양으로 생겼어. 아마도 누군가를 극락으로 모셔 가기 위해서 온 것 같았는데, 영락없이 초상이 나더구나. 내가 좋아했던 저 아랫마을 김 씨 부인이었어……."

그러면서 살포시 눈을 감으셨어. 아, 극락조란 그런 새구나. 나는 화려한 깃털을 나부끼면서 날고 있는 극락조를 보면서 그렇게 생각했지.

안타깝게도 그 절은 20년 전에 불이 나서 사라져 버렸고, 그 뒤로는 극락조를 볼 수 없었어. 그러다가 『은해사괘불탱(銀海寺掛佛幀)』에서 극락조를 다시 만날 수 있었지. 괘불이란 절에서 법회를 할 때 마당에서 걸어 놓고 예불을 드리기 위해서 만든 큰 부처님 그림이야. 이 탱화는 조선 영조 때 그려졌어. 부처님이 서 계시는 머리 좌우측을 보면 근사하게 깃털을 늘어트린 극락조들이 나비처럼 날아다니고 있어.

극락조를 가릉빈가(迦陵頻伽)라고도 해. 극락에서 살며 목소리가 맑고 아름다운 새라고 전해지고 있어. 그래서 불교가 생겨난 인도에서는 극락조를 음악의 신이라고 믿어. 절에 있는 탑에서 발견되는 극락조를 보면, 새의 깃털이 달린 모자를 쓰고 악기를 연주하는 모습으로 그려져 있어.

이렇게 불교에서 생겨난 극락조는 사방으로 퍼져 나갔고, 그것을 받아들이는

가릉빈가무늬 수막새 | 통일 신라 시대 | 국립중앙박물관 소장

사람에 따라서 조금씩 생김새가 달라졌어. 『은해사괘불탱』에 나오는 극락조는 사람의 상반신이 없어.

원래 극락조란 반은 새이고 반은 사람의 모양인데, 새의 날개와 함께 사람의 두 팔이 있었어. 그래서 두 손으로 악기도 연주할 수 있었던 거야. 극락조는 이렇게 조금씩 다 달라. 극락조의 얼굴은 대개 아름다운 여자이지만 간혹 남자가 나오기도 하고, 남녀 얼굴이 동시에 나오기도 해. 또한 극락조가 악기를 연주하기도 하고, 천도복숭아를 들고 날아다니기도 해. 천도복숭아는 신선들이 먹고 사는 과일로 그걸 먹으면 천 년을 산다고 했어. 그러니까 이 그림 앞에서 절을 하고 소원을 빌면 오래오래 살 수 있다는 뜻이 되는 거지.

극락조는 고구려 고분 벽화에서도 볼 수 있어. 덕흥리 고분 벽화나 무용총 벽화에 나오는 극락조 그림에는 무덤으로 침입하는 나쁜 귀신들을 물리치고, 죽은 영혼을 극락으로 데려다주길 바라는 뜻이 담겨 있어. 그래서 옛날 사람들은 무덤에다 극락조를 모셔 놓은 거야.

극락조는 생김새가 무서운 동물이 아니야. 그래서 힘으로 악귀를 물리치는 게 아니라 아름다운 소리로써 물리친다고 알려져 있어. 덕흥리 고분 벽화에 그려진 가릉빈가 옆에는 '만세지상(萬歲之像)'이라는 글씨가 있어. 이것은 가릉빈가가 천 년 혹은 만 년을 산다는 새라는 뜻이야. 그러니까 이걸 그려 놓으면 죽은 자도 영원한 생명을 얻으며, 후손들도 건강하게 오래오래 살 수 있다고 믿은 거야.

문경 봉암사 지증대사탑 기단부 가릉빈가 | 통일 신라 시대 | 경상북도 문경시 봉암사 소재

무덤 뿐만 아니라 사람이 사는 집에서도 극락조를 볼 수 있었어. 지붕이란 비바람을 막아 주는 역할도 하지만, 누워서 보면 하늘이나 다름없어. 그래서 기왓장에도 극락조를 그려 놓고 그 집에서 사는 사람들이 천년만년 건강하기를, 죽어서는 극락에 가기를 바랐던 거야. 또한 집 자체가 극락세계처럼 편안한 곳이라는 뜻도 있어.

내가 이런 이야기를 하면 어떤 아이들은

"선생님, 그럼 앞에서 이야기한 쌍두인면조는 비익조인가요, 극락조인가요?"

하고 묻기도 해. 그때마다 난 이렇게 대답하지.

"비익조일 수도 있고 극락조일 수도 있어. 지역에 따라, 사람에 따라 비익조와 극락조는 생김새가 서로 섞이기도 하고, 전혀 다른 새로운 모습으로 상상되기도 했으니까."

경주 천마총 장니 천마도 | 신라 시대 | 국립중앙박물관 소장

천마를 타고
하늘을 날고 싶었던 인간

　사람들은 옛날부터 하늘을 날고 싶어 했단다. 저 하늘나라 어느 곳에는 신선들만이 사는 평화로운 세상이 있으며, 병도 없고 가난한 사람도 없는 극락세계도 저 하늘나라 어딘가에 있다고 생각했어. 하지만 인간은 날 수가 없으니까 갈 수가 없잖아? 그래서 옛날 사람들은 새를 타고 하늘을 날 수 있다고 생각했어. 어떤 사람들은 용하고 말이 결혼을 하면 태어난다는 용마를 떠올렸지. 용마는 하늘을 자유롭게 날 수가 있거든. 만약 그런 말이 있다면 새보다 훨씬 크기 때문에 비바람을 자유롭게 이겨 내고 날아다닐 수 있을 거라고 생각했어. 그래서 하늘을 나는 말이 상상 속에서 만들어진 거야. 옛날 사람들은 이 상상의 동물을 용마라고도 부르고 천마라고도 불렀어.

　경주 천마총에서 잘생긴 천마 한 마리가 발견되었어. 무덤 속에 있는 죽은 사람의 영혼을 태우고 하늘나라로 가는 말일 수도 있고, 죽은 사람이 다시 살아나면 신선들이 사는 나라로 데려가는 말일지도 몰라. 그 말은 죽은 사람의 전용 자가용이나 다름없어.

　인간들이 상상력으로 만들어 낸 천마는 두 부류가 있어. 하나는 서양의 유니콘처럼 날개가 달려 있는 경우고, 또 하나는 날개가 없어도 자유롭게 하늘을 날아다니는 경우야. 천마총에서 발견된 말은 날개가 없는 것 같아. 그래도 나는 데 전혀 지장이 없어. 이게 동양과 서양 사람들의 차이야. 서양 사람들은 반드시 날개가 있어야 날 수 있다고 생각했지만 동양 사람들은 날개가 없어도 날 수 있다고 생각한 거야. 물론 고구려 고분 벽화를 보면 날개를 달고 하늘을 나는 말도 있지만 날개가 없이도 하늘을 자유롭게 날 수 있다고 생각했다는 사실이 중요해.

천마는 아무 때나 나타나는 동물이 아니야. 나라가 평화롭고 백성들이 행복한 생활을 할 때, 그러니까 어진 왕이 나타나서 나라를 잘 다스릴 때 나타나지. 그러니까 천마가 나타났다는 것은 전쟁도 없고 가뭄이나 홍수도 없고 왕이 나라를 잘 다스리고 있다는 뜻이야.

천마를 용마라고 부르기도 한다고 했지? 용마란 용이 암말하고 결혼해서 낳은 말이라는 뜻이야. 용하고 말이 결혼했으니까 반은 용이고 반은 말이어야 할 텐데, 옛이야기나 옛 그림에 보이는 용마는 그렇지 않아.

『천마기(天馬旗)』를 보면 보통 말하고 비슷하게 생겼어. 다른 점이 있다면 뿔이 달렸다는 것뿐이야. 머리 모양도 말이고, 등에 용 비늘 한 조각도 없어. 분명히 용하고 결혼해서 낳았다고 했는데 왜 이렇게 평범한 모습일까? 그래, 이것도 상상력의

천마기 | 조선 시대 | 국립고궁박물관 소장

차이야. 어떤 시대에 어떤 사람이 그렸냐에 따라서 용마의 생김새가 조금씩 달라지는 것이지. 원래 용마는 몸에 용 비늘이 덮여 있고, 등에는 날개가 달렸으며, 머리에는 두 개의 뿔이 달려 있다고 했어. 옛날에 손오공이 오색구름을 타고 하늘을 날아다닐 때도 용마가 있었는데, 이렇게 용 비늘이 덮여 있고 날개가 달려 있었어.

용마에 대한 전설은 거의 다 비슷해. 옛날에 어떤 집에 아기가 태어났는데, 태어나자마자 일어나서 걷고 바위를 들어 올릴 정도로 힘이 장사였대. 그래서 사람들이 아기 장사라고 하였어. 그 소문이 퍼지자 정치하는 관리들은 이 아기 장사가 장차 역적이 될 것 같다고 하여 죽이려고 했지. 하지만 군사들이 칼로 찔러도 아기 장사는 죽지 않았어. 아기 장사의 부모는 날마다 걱정했지.

그러던 어느 날 아기 장사가

"부모님, 제가 때를 잘못 타고 태어난 것 같습니다. 오늘 저녁에 쌀로 술을 만들어서 저에게 먹이면 깊은 잠에 빠질 것입니다. 그때 겨드랑이 밑에 있는 날개를 없애 버리면 저는 힘을 못 쓰고 죽을 것입니다."

하고 말했어. 아기 장사의 부모가 그 말을 듣고 눈물을 흘리면서 날개를 잘라 버리자 아기장사는 죽고야 말았어. 아기 장사가 죽자 마을 뒷산에 우뚝 솟은 바위를 뚫고 나온 용마가 주인을 찾으며 사흘 밤낮을 울부짖다가 하늘로 날아갔다는 이야기야.

이 이야기를 들어 보면 용마는 날개가 달린 말이야. 이렇게 옛 사람들이 상상 속에서 만들어 낸 천마는 날개가 달린 경우도 있고, 날개가 없는 경우도 있어. 그건 상상하는 사람들 마음이야. 날개가 있다고 정해져 있는 것보다 사람들 마음대로 상상한다는 것이 더 재밌잖아?

천마총에서 발견된 천마가 말이 아니라 기린이라고 하는 사람들도 있단다. 천마를 적외선 사진으로 찍어 보니까, 말 머리에 뿔이 보인 거야. 사람 눈으로 봤을 때는 보이지 않았던 것이지. 그 뿔이 한 개인지 두 개인지 그건 확실하게 알 수 없으나 뿔이 있는 건 분명해졌어. 만약 뿔이 달렸다면 말이 아니고 기린이라는 뜻이지. 말하고 생김새가 비슷하면서도 뿔이 달린 동물은 기린이거든. 이 동물이 기린으로 판명되면 더 재밌어질 것 같아. 하늘을 나는 기린. 근사하지 않니? 기린이라고 하늘을 날지 못하리라는 법은 없으니까. 옛날 사람들이라면 충분히 하늘을 나는 기린도 상상했을 거야. 나는 그렇게 생각해.

이 그림을 보면 옛날 사람들의 상상력이 어느 정도였는지 알 수 있어. 이건 고려 시대 군인들이 썼던 『해마기(海馬旗)』라는 깃발이란다.

"선생님, 그 말에는 날개가 없네요?"

"이 말은 뿔도 없잖아요? 이거 천마 아니죠?"

"몸에 사슴처럼 하얀 점이 박혀 있네요? 진짜 천마 맞나요?"

이 말은 해마란다. 하늘을 나는 말이 아니라 바다를 나는 말이야. 바다를 날아다닌다는 것은 바다에서 산다는 뜻이기도 해. 당시 사람들에게 바다란 하늘만큼이나 신비롭고 두려운 곳이었지. 하늘을 다녀온 사람이 아무도 없듯이 바다를 다녀온 사람도 없었어. 그곳은 오직 신선이나 상상

해마기 | 고려 시대 | 전쟁기념관 소장

의 동물들만이 갈 수 있는 세상이었어. 그런 세상에서 날아온 말이니 당연히 화살에 맞아도 죽지 않겠지? 고려 시대의 군인들은 그렇게 바다에서 사는 말을 상상하고 그런 말을 해마라고 하였어. 그러니까 이 말은 순해 보이지만 실제로는 아주 강한 동물이야. 앞 어깨에 갈기가 있어 마치 불이 치솟는 것 같대. 아마 상상력이 풍부한 화가가 그렸다면 더 과장되게 그렸을 거야. 해마는 바다에서 살면서 자유롭게 하늘을 날아다니지만 불의 기운까지 지닌 신비로운 동물이라고 하였어. 그러니 더욱 강력한 동물일 수밖에 없었지. 물은 물론이요 불까지 자유롭게 부릴 수가 있었으니 천하무적 아니겠니?

고려 시대 사람들은 포악한 왕을 만나 살기가 어려워지면 바다를 보면서 "언제쯤 해마가 나타나서 좋은 세상이 오게 될까?" 하고 해마를 기다리기도 하였어. 해마가 나타나면 세상이 평화로워지고, 풍년이 들면서 모든 사람들이 잘살게 된다고 믿기도 하였어. 어쩌면 그래서 고려 시대 사람들이 상상한 해마는 맑고 평화로운 얼굴인지도 몰라. 상상의 동물이 누구 한두 사람의 상상만으로는 만들어지지 않거든. 수많은 사람들에 의해 만들어져야만 오래오래 사람들 머릿속에 남을 수가 있는 거야. 해마나 천마는 그렇게 만들어진 상상의 동물이야.

기린이 수놓아진 흥선대원군의 흉배 | 조선 시대 | 국립중앙박물관 소장

용과 말이 연애하여 낳은
괴상한 동물, 기린

　　내가 어렸을 적에는 상상의 동물 만들기 놀이가 있었어. 뱀하고 꿩하고 결혼하면 어떤 동물이 생겨날까? 누군가 질문을 던지면 저마다 상상을 하여 땅바닥에다 그 동물을 그렸어.
　"뱀하고 꿩이 결혼했으니까, 머리는 뱀이고 몸통은 꿩이야!"
　"몸은 뱀처럼 생겼고, 부리만 꿩처럼 생겼을 거야! 꼬리에 깃털이 있을 거야!"
　그런 식으로 상상의 동물을 만들어 내는 거야. 어른들도 종종 상상의 동물 이야기를 들려주셨어.
　"용하고 말이 결혼하면 용마도 나오지만 기린도 나온단다. 기린이란 머리 모양은 용이고, 몸통은 말하고 비슷하게 생겼지."
　그때마다 나는 기린을 상상하려고 했어. 아프리카 초원에 사는 그 기린이랑 어떻게 다를까? 어른들 말을 들어 보면 기린이랑 용마는 거의 비슷한 동물이었는데, 같다고 한 사람도 있고 다르다고 한 사람도 있었어. 그러다가 어른이 되어서야 『기린도(麒麟圖)』를 보았고 키가 작을 뿐이지 진짜 초원에서 사는 기린이랑 비슷하게 생겼다는 것도 알았어.

조선 시대 의장대 깃발인 『유린대기(遊麟大旗)』를 보면 기린을 볼 수가 있어. 어때, 용하고 말하고 결혼해서 낳은 동물 같니?

"글쎄요, 용하고 비슷한 것도 같고, 사자하고 비슷한 것도 같고 헷갈려요."

그래, 『유린대기』에 나오는 기린은 금방이라도 달려들 것처럼 무섭게 그려져 있구나. 군사들이 들고 다니는 깃발이기 때문에 일부러 강하게 그린 것이지. 적을 노려보듯이 눈빛이 날카롭고, 등과 아랫배는 용의 가죽으로 덮여 있으며, 몸통은 표범 무늬로 덮여 있어.

등이 푸른 기린은 수컷을 의미하고 붉은 기린은 암컷을 의미한단다. 비록 상상의 동물이지만 이렇게 암수까지 완벽하게 구별해 놓았어. 원래 기린은 수컷을 '기(麒)', 암컷을 '린(麟)'이라고 해. 둘을 합쳐서 '기린'이라는 말이 나온 거야.

"상상의 동물인데도 암컷이랑 수컷이 따로 있다는 게 놀라워요. 얼굴만 떼어 놓는다면 용이라고 하겠어요. 뭉툭한 코랑 잉어 수염처럼 앞쪽으로 뻗어져 나온 수염이랑 금방이라도 불을 뿜어낼 것 같은 입이랑 커다란 귀랑 뿔이랑……."

기린은 보는 사람에 따라서 용이나 말을 닮았다고 하고, 표범이나 낙타를 닮았다고도 해. 원래 기린 몸에는 용처럼 잉어 비늘이 있었단다. 그게 세월이 지나면서 이렇게 변한 거야. 상상의 동물도 사람들의 생각에 따라서 변화하거든. 기린은 비교적 화려한 털을 가지고 있으며, 이마에는 뿔이 돋아나 있는데 그 뿔은 뭉툭하여 다른 동물을 전혀 해칠 수가 없대. 몸통은 사슴이나 말하고 비슷하며, 꼬리는 말 꼬리야.

"에이, 그럼 뿔은 있으나마나한 것이잖아요?"

그런 셈이지. 기린은 무척 순했던 모양이야. 발굽이 있는 동물들은 발차기가 주특기이거늘 기린은 절대 차는 법이 없었고, 뿔로 들이받지도 않았고, 입으로 물

유린대기 | 조선 시대 | 국립고궁박물관 소장

기린 | 경기대박물관 소장

어뜯는 법도 없었고, 심지어 살아 있는 벌레도 밟지 않았으며, 살아 있는 풀도 뜯어 먹지 않았다니, 대체 뭘 먹고 살았을까? 신기하지 않니?

"말도 안 돼요. 어떻게 먹지 않고 살 수가 있어요?"

그러니까 상상의 동물이지. 그런데 말이다, 중국이나 우리나라 문헌에는 기린이 실제로 있었다는 기록이 제법 나온단다.

옛날 사람들은 이런 기린을 잡으려고 꽤나 애를 쓴 모양이야. 그런데 이 놈들은 그물에도 걸리지 않고, 함정에도 빠지지 않고, 화살을 쏘면 바람을 일으켜서 날려 버렸다고 하니, 털 달린 동물 중에서 왕이라고 부를 만하지. 이렇게 기린은 온순하면서도 절대적인 힘을 가지고 있어서 태평성대가 온다는 것을 예고하는 동물로 알려져 있어. 기린이 나타난다는 것은 곧 어진 왕이 나타난다는 뜻이었어. 기린이 이렇게 좋은 뜻이 담긴 상상의 동물로

64

알려지다 보니 일반 백성들보다는 왕들이 더 좋아했지. 그래서 조선 시대에는 흉배에 사용되었어. 대표적인 경우가 흥선대원군이야.

흥선대원군이 입었던 옷 여러 벌에서 기린 흉배가 발견되었어. 흥선대원군은 평소에도 기린이 새겨진 옷을 입고 지냈대. 얼마나 기린을 좋아했는지 알 수 있겠지? 기린이 나타나면 성군이 나타난다고 했으니까 흥선대원군은

"내가 바로 성군이다!"

하는 생각을 가졌을지도 몰라. 앞서 보았던『기린이 수놓아진 흥선대원군의 흉배』를 다시 볼까? 흥선대원군의 옷에 새겨진 기린은 나이가 지긋한 늙은 동물로 보여. 얼굴에 인자한 웃음이 흐르고 있으며 사자처럼 갈기가 휘날리고 있어.『유린대기』에 있는 기린처럼 무서운 표정을 찾아볼 수가 없어. 그야말로 어진 성군의 모습이야. 그런데 뿔이 두 개야. 원래 기린은 외뿔인데, 이 기린은 늙어서 또 하나의 뿔이 돋아난 모양이야. 목에는 용 비늘이 두껍게 덮여 있고, 꼬리는 신기하게도 봉황을 닮았네. 이렇게 기린은 시대에 따라, 혹은 지역에 따라, 사람에 따라서 그 모습이 달라졌어. 또한 기린 그림이 어디에 쓰이냐에 따라서 생김새도 달라지고 그 표정도 달라졌지. 앞으로 기린이 어떻게 변해 갈지 아무도 몰라.

기린 그림은 고구려 고분 벽화에도 나오니까 한번 찾아보렴. 기린을 무덤 속에다 그린 이유는 기린이 죽은 자의 영혼을 태우고 저승으로 간다고 믿었기 때문이란다. 기린은 하늘과 땅을 자유롭게 오갈 수 있는 신비한 동물이거든.

무령왕릉 진묘수 ǀ 백제 시대 ǀ 국립중앙박물관 소장

백제 사람들의
무덤을 지켜 준 진묘수

옛날 사람들은 자신들의 필요에 따라서 그때그때 수많은 상상의 동물을 만들어 냈어. 그렇게 만들어진 상상의 동물이 가장 많이 발견된 곳이 무덤이야. 사람들은 죽은 이들을 지키기 위해서 아주 신비로운 힘을 가진 상상의 동물을 만들어서 무덤 속에다 배치하였어. 청룡, 백호, 주작, 현무를 비롯하여 천마, 기린 등 수많은 동물 신들이 무덤을 지켜 주었어.

옛날 사람들은 동물을 신처럼 여기고 숭배했어. 공민왕릉에서 발견된 『십이지신도(十二支神圖)』를 얼핏 보면 고려의 귀족, 즉 관리들을 그려 놓은 것 같지만 자세히 보면 그렇지 않음을 알 수 있어. 구름을 타고 있는 관리들의 머리 위에는 작은 동물들이 한 마리씩 앉아 있어. 나라를 다스리는 관리들이 토끼나 닭, 돼지, 뱀을 머리 위에다 정성껏 모시고 있어. 요즘처럼 귀여운 애완동물이라고 생각한 것이 아니야. 그 작은 동물들을 머리에다 이고 떠받드는 것이지. 관리들이 "아이고, 토끼님 어서 오십시오." 하고 정성을 다해서 모시는 거야. 이렇게 동물들을 모셨다는 것은, 그만큼 동물들을 숭배했다는 뜻이지.

이렇게 열두 동물을 무덤 속으로 모셔 온 것은, 이들에게 사악한 귀신을 쫓아내는 강력한 힘이 있다고 믿었기 때문이지. 그래서 나라를 지키는 관리들이 정성껏 동물들을 모셔 온 거야.

　백제 시대의 무덤 속에서도 신기하게 생긴 상상의 동물이 발견되었어. 얼굴은 호랑이를 닮았고, 머리에는 사슴의 뿔이 달려 있으며, 몸통은 멧돼지하고 비슷하게 생겼어. 무령왕릉에서 발견된 이 동물을 『무령왕릉 석수(武寧王陵石獸)』 또는 『무령왕릉 진묘수(武寧王陵鎭墓獸)』라고 해. 진묘수는 무덤을 지키는 동물이라는 뜻인데, 언뜻 보기에는 귀여운 느낌이 드는구나. 하지만 멧돼지하고 호랑이를 합쳐 놓았다면 무시무시한 동물이었을 것 같아. 멧돼지는 야생동물들 중에서 가장 힘이 센 동물이고, 호랑이는 사나우면서도 지혜로운 동물이거든. 그런 두 동물이 합쳐졌다면 누가 당해 낼 수가 있겠니?

　진묘수는 상상의 동물이기 때문에 사람에 따라서 다 다른 모습으로 만들어졌어. 그래서 사자나 용 혹은 멧돼지가 결합된 진묘수도 있으며, 머리에는 날카로운 뿔이 달려 있기도 했어. 이 뿔로 무덤을 침투하는 나쁜 귀신이나 나쁜 사람들을 들이받아서 혼내 주는 거야. 진묘수는 등에다 날개까지 달고 있어. 땅에서는 사자나 호랑이 혹은 멧돼지의 힘이 모아져 있으니 감히 누가 덤빌 엄두도 내지 못할 것이고, 천마처럼 자유롭게 하늘을 날아다니면서 저승까지 왕래할 수 있으니 그야말로 신비로운 동물 신이지. 이런 동물 신 하나를 무덤에다 모셔 두면 후손들이 든든할 거야. 그래서 옛날 사람들이 진묘수를 만들어서 무덤 속에 넣어 둔 거야.

　진묘수가 날개를 달았다는 것은, 죽은 사람을 극락세계로 모셔 간다는 뜻이야. 보통 다른 시대의 무덤 속에서는 학이나 봉황 혹은 천마 같은 동물들이 죽은 사람을 모시고 극락세계로 가는 역할을 하였는데, 백제에서는 이 진묘수가 그런 역할을 했어.

　백제의 진묘수는 중국의 영향을 받았어. 그러니까 중국의 진묘수들은 어떻게 생겼는지 보는 것도 재미있지 않겠니? 우선 중국 후한 시대의 진묘수를 보니까 머리 모양은 영락없는 멧돼지네. 하지만 자세히 보면 많은 동물들이 결합되어 있음을 알 수 있어. 머리에는 기린처럼 생긴 뿔이 있어. 등에는 날개가 달려 있네. 어라, 꼬리는 소하고 비슷하게 생겼어. 그렇다면 발은 어떻게 생겼을까? 발은 사자나 호랑이처럼 생겼네. 눈은 용처럼 툭 튀어나와 있어. 이 녀석은 백제의 진묘수하고 비슷하게 생겼어. 백제가 중국의 영향을 받았음을 알 수 있는 대목이야.

　대체 몇 마리의 동물들이 결합되어서 만들어진 상상의 동물일까? 이 한 마리의 진묘수를 만들어 내기 위해서 수많은 사람들이 실제 살아 있는 동물들을 보면서

진묘수 | 중국 후한 시대 | 국립중앙박물관 소장

삼채진묘수 | 중국 당 8세기 | 국립중앙박물관 소장

고민했음을 알 수가 있어. 보다 강하고 신비로운 동물들을 만들어 내려고 한 것이지. 특이하고 신비롭게 생긴 동물일수록 힘이 강해진다고 믿었거든. 그렇다고 아무렇게나 상상해서 만들어 낼 수도 없어. 상상의 동물이라고 해서 터무니없이 만들면 다른 사람들이 받아들이지 않았어. 상상의 동물이지만 실제 살아 있는 동물이라는 느낌이 들어야 해. 그래야만 상상의 동물이 오랫동안 사람들의 기억 속에서 살아남을 수가 있었지. 진묘수는 중국뿐만 아니라 중앙아시아에서도 많이 발견된단다. 그러니까 옛날에도 나라와 나라 사이에 교류가 활발했다는 뜻이야. 그래서 진묘수라는 상상의 동물이 여기저기로 퍼져 나갔지만, 생김새는 조금씩 달라지게 된 것이지. 상상의 동물이란 이런 거야.

연잉군 초상 | 진재해 그림 | 1714년 | 국립고궁박물관 소장    영조 임금 초상 | 채용신·조석진 그림 | 1900년 | 국립고궁박물관 소장

귀신의 말을 알아듣는
귀를 가진 신비한 백택

먼저 초상화 두 점을 볼까? 잘 관찰해 봐. 뭔가 비슷한 게 있을걸?
"왼쪽에 훼손된 초상화 흉배에 있는 동물은 뭔지 잘 모르겠어요. 호랑이 같기도 하고……. 오른쪽 왕의 초상화에는 황룡이 그려져 있는 게 분명해요."

그래, 황룡은 왕을 의미해. 그러니까 오른쪽 왕의 초상화의 가슴에 그려진 동물은 황룡이야. 그리고 왼쪽에 있는 초상화의 가슴에 그려진 동물은 호랑이가 아니라 백택이라는 동물이야. 사자하고 비슷하게 생긴 상상의 동물이지. 물론 나는 백택이라는 상상의 동물을 이야기하려고 이 그림을 소개했지만, 오른쪽에 있는 왕의 초상화까지 같이 소개한 것은 또 다른 이유가 있어. 뭔가 비슷한 점이 있지 않니?

"혹시 형제 아닌가요? 얼굴이 비슷한 것 같은데……."

두 사람은 형제가 아니라 같은 사람이야. 오른쪽 그림의 붉은 용포를 입고 있는 왕은 영조이고, 왼쪽 그림의 앳되고 곱상해 보이는 얼굴은 왕이 되기 전 왕자였을 때의 모습이야. 이렇게 왕이 되기 전의 모습이랑 왕이 되었을 때의 얼굴이 고스란히 남아 있는 경우는 아주 드물어. 그래서 내가 소개한 거야.

백택이라는 동물은 왕자의 흉배에 쓰였을 정도로 어마어마한 대우를 받았어. 대체 어떤 동물이었기에 용하고 버금가는 대우를 받았을까?

백택이란 전쟁이 없고 온 나라 백성들이 편안할 때 나타나는 신령스런 동물이야. 그래서 왕이나 백성 들이 다 백택을 기다리면서 살아갔지. 백택은 사자하고 비슷하게 생겼으며 눈을 여덟 개나 가지고 있다고 해. 그런데 흉배에 나타난 백택은 눈이 달랑 두 개뿐이야. 아마도 처음에는 눈이 여덟 개였으나 세월이 흐르면서 저 흉배에 보이는 것처럼 두 개로 변화한 모양이야. 대신 세상의 모든 소리를 들을 수 있도록 귀가 더 밝아졌단다. 모든 야생동물들은 눈보다는 귀를 더 중요하게 생각하거든. 귀는 믿어도 눈은 믿지 말라는 말도 있어. 눈은 헛것을 볼 수 있으나 귀는 절대로 거짓말을 하지 않거든. 백택은 귀가 밝아서 세상의 모든 소리를 다 들어. 특히 귀신들 말소리를 잘 듣는대. 당연히 백성들 이야기도 잘 듣겠지? 어진 왕이라면 백성들 이야기를 잘 들어야 하고, 억울하게 죽어서 구천을 떠돌고 있는 귀신들 이야기까지도 잘 들어야 하지. 아마도 왕자의 흉배에다 백택을 새겨 넣었던 것은, 나중에 왕이 되어서 세상 모든 사람들의 이야기를 잘 듣고 잘 다스리라는 뜻이 아니었을까? 게다가 이 녀석은 말야, 사람 말도 잘한대. 사람 말까지 자유롭게 하고, 귀신들 말도 하고, 동물들 말까지 다 하니 얼마나 좋겠니?

문헌에는 간혹 백택이 나타났다는 기록도 나오는데, 실제로 백택을 보면 자손 대대로 번창한다고 믿었어. 하지만 안타깝게도 백택은 일반 백성들하고는 먼 동물이었어. 백성들은 함부로 백택의 그림이나 문양을 쓸 수도 없었어. 앞서 보았듯이 백택은 연잉군 같은 왕자의 흉배나 의장대 깃발 같은 곳에만 쓸 수가 있었거든.

『백택기(白澤旗)』를 보자. 몸통이 푸른 비늘로 뒤덮인 것이 보이지? 푸른색은 수

백택기 | 조선 시대 | 국립고궁박물관 소장

컷임을 의미하는데, 실제 그림에 그려진 것은 갈기가 없는 암컷 사자야. 암컷 사자를 변형시켜서 백택이라는 동물을 탄생시킨 것이지. 옛날 사람들은 사자라는 동물을 볼 수 없었어. 그러니 사자 그 자체가 상상의 동물 같았을 거야. 사자의 생김새로 암컷 수컷을 구별할 수가 없어서 이렇게 색깔로 구별을 했던 모양이야. 또한 몸에는 칼로 찔러도 들어가지 않을 정도로 단단한 용 비늘이 덮여 있어. 실제로 사자가 이렇게 용 비늘로 덮여 있다면 아마도 인간들을 물리치고 지금 이 세상을 지배하고 있을지도 몰라. 딱 보기만 해도 강해 보이지? 백택은 조선 후기로 오면서 사자보다는 호랑이 같은 모습으로 변해 버렸어. 왜 그랬을까? 우리나라에서는 사자를 볼 수가 없었고, 동물 중에서는 호랑이가 가장 강하다고 숭배하다 보니까 자연스럽게 백택도 호랑이처럼 변해 버린 거야.

조선 시대 후기의 유명한 화가인 조석진이 그린 『영모도(翎毛圖)』를 보면 이상하게 생긴 동물 한 마리를 볼 수가 있어. 바닥이 평평하게 깎여진 바위가 꼭 공중에 떠 있는 것처럼 보이지? 신선들이 앉아 있을 법한 바위 위에 참으로 이상하게 생긴 동물이 앉아서 뒤를 돌아다보고 있구나. 이 동물도 상상해서 만들어 낸 동물이야. 얼굴을 비롯하여 상반신을 사자로 그린 것을 보니, 사자를 보고서 다른 동물을 상상해 낸 게 분명해. 요즘이야 호랑이랑 표범을 다른 동물이라고 하지만 그때는 같은 동물이라고 생각했어. 그래서 옛날 그림을 보면 호랑이와 표범이 같은 동물로 그려지는 경우가 많았어. 얼굴은 표범인데 몸통은 호랑이로 그려지는 경우도 있었지. 반대로 얼굴은 호랑이인데 몸통은 표범인 경우도 있어. 조선 시대 관리들이 입는 옷 흉배에도 호랑이가 새겨져 있는데, 거기에도 표범과 호랑이가 같이 새겨져 있거든. 그러니까 조석진의 그림에 나오는 동물은 표범 무늬를 하고 있지만, 그것은 표범이 아니라 호랑이라고 봐도 돼. 결국 사자하고 호랑이를 결합시킨 것이라고 볼 수 있어. 그때나 지금이나 사자와 호랑이는 가장 강한 동물이잖아? 그 두 동물을 합쳐 놓았으니 얼마나 무서운 상상의 동물이 되었겠니? 게다가 동물들 중에서 가장 잘 달리는 말까지 결합시켰다면 대단하지 않았겠니?

 이렇게 사자나 호랑이는 여러 가지 상상의 동물로 그려졌어. 백택도 사자를 바탕으로 해서 그려진 상상의 동물이야. 사자보다 더 강력한 동물을 상상해 낸 것이지. 해치도 호랑이가 변해서 만들어진 상상의 동물이야. 고구려 고분 벽화에 나오는 백호도 호랑이가 변해서 만들어진 상상의 동물이래. 아마도 사자나 호랑이가 변해서 만들어진 상상의 동물은 더 많을지도 몰라. 그만큼 사자나 호랑이가 신비로운 동물이었다는 뜻이지. 하지만 지금은 호랑이랑 사자를 동물원에나 가야만 볼 수 있어. 사람들도 더 이상 호랑이와 사자를 신비로운 동물이라고 생각하지 않아. 호랑이와 사자에 대한 상상력이 이처럼 줄어들었으니, 백택이나 해치 같은 상상의 동물이 앞으로 어떻게 변해 갈지 알 수가 없구나.

영모도 중 일부
조석진 그림
19세기~20세기 초
경기도박물관 소장

해님이 보낸
벼슬아치, 해치

옛날에 놀부가 죽어서 저승에 갔단다. 저승 문 앞에는 사람들이 한 줄로 서 있었어. 놀부가 대체 여기서 뭘 하나 하고 자세히 보니까, 염라대왕이 죽은 사람을 부른 다음 "너는 살아오면서 죄를 몇 번이나 지었느냐?" 하고 물으면, 그 사람이 "열 번 지었습니다." 하고 대답해. 염라대왕이 "이놈의 눈을 열 번 찔러라." 하면 옆에 있던 신하가 바늘로 그 사람의 눈을 열 번 찔렀고, 서른 번 죄를 지었다고 하면 바늘로 서른 번 눈을 찔렀어. 그걸 본 놀부는 머리가 아파졌어. 인간 세상에서 못된 짓을 많이 했다는 것은 스스로가 제일 잘 알고 있었거든. 놀부는 어떻게 하면 바늘로 눈을 찔리지 않고 저승 문을 통과할까 궁리하다가, '옳지!' 하고 손뼉을 쳤어. 드디어 놀부 차례가 되었어. 염라대왕이 놀부한테 죄를 몇 번이나 지었냐고 물었어. 놀부가 태연하게 "저는 치매에 걸리는 바람에 통 기억이 나지 않습니다."라고 말하자, 염라대왕이 "여봐라. 업경대(業鏡臺)를 가져오너라!"라고 했어. 그러자 호랑이하고 비슷하게 생긴 동물이 등에다 커다란 거울을 지고 왔어. 놀부가 이런 신기한 거울이 있나 하고 쳐다보자 인간 세상에서 살면서 나쁜 짓을 한 장면들이 하나씩 보이는 거야. 놀부는 입을 딱 벌렸고, "이놈이야말로

사자 모양 업경대 | 조선 시대 | 국립중앙박물관 소장

악질 중에 악질이다. 나도 이런 놈은 처음 본다. 이놈은 일년 내내 쉬지 말고 눈을 찔러라!" 염라대왕이 호통을 쳤어. 놀부의 꾀는 업경대 앞에서 무용지물이 되고야 말았단다.

업경대는 아무나 들고 다닐 수 없어. 사람이 업경대를 들고 다니면 신비한 힘을 잃게 돼. 반드시 정의로운 동물인 해치가 들고 다녀야 해. 불교에서는 사자가 옳고 그름을 가려 주는 정의로운 동물이라고 알려져 있어서, 사자가 업경대를 지고 다니기도 해. 실제로 우리나라에서도 불교가 왕성하던 시기에는 사자가 업경대를 지고 다니는 그림이 많았지만, 점차 해치가 업경대를 지고 다니는 것으로 바뀌었어. 그만큼 우리나라 사람들이 상상의 동물인 해치를 숭배하고 좋아했다는 뜻이지.

해치는 소의 머리에 날카로운 외뿔을 가지고 있으며, 온몸에는 푸른 용 비늘이 돋아나 있어. 사악한 사람을 보면 단숨에 알아보고는 달려들어서 그 뿔로 들이받아 버리지. 전에는 해치라는 말보다는 해태라고 불렀지만 지금은 거의 다 해치라고 불러. 해치라는 말은 '해님이 보낸 벼슬아치'의 줄임말이야. 모든 생명을 자라게 하는 해님이 해치를 파견하여 죄를 지은 사람을 가려내서 벌을 내리는 거지. 그래서 조선 시대에는 관리들을 감찰하고 법을 집행하는 사헌부의 상징으로, 사헌부의 우두머리인 대사헌이 입는 관복의 흉배에 해치를 그렸어.

우리나라 국회의사당이랑 대검찰청 앞에도 해치상이 세워져 있어. 항상 정의의 편에 서서 법을 공평하게 집행하라는 뜻이 담겨져 있지. 상상의 동물인 해치는 왕도 두려워하는 동물이었어. 왕들이 나쁜 사람들 편에 서거나 재판을 공정하게 하지 않으면 해치가 나타난다고 알려졌거든.

광화문 앞에도 해치상을 세웠어. 왜냐고? 그건 말야, 해치가 또 다른 능력이 있기 때문이야. 해치는 신기하게도 불을 먹고 살아. 해치는 불만 보면 달려가서 불을 다 빨아들여 버려. 아마도 해님이 보낸 관리라서 뜨거운 불을 먹는 재주를 가지고 있나 봐.

　왕이 사는 경복궁에 불이 자주 났기 때문에, 흥선대원군 때 그것을 막으려고 경복궁의 정문인 광화문에 해치상을 세웠어. 안중식의『백악춘효(白岳春曉)』는 광화문이 일본에 의해 헐리기 이전의 경복궁을 그린 거야. 이 그림이 그려지고 난 2년 후 광화문은 옮겨지고 일제의 총독부 건물이 들어섰대. 안중식의 그림을 보면 군사들이 없어도 두 마리의 해치가 경복궁을 든든하게 지켜 줄 것만 같아. 나쁜 재앙이 경복궁으로 들어가기 위해서는 반드시 해치들하고 싸워야 해. 경복궁의 해치들은 그렇게 배치가 되어 있음을 알 수가 있어.

　일반 백성들도 해치를 좋아했어. 백성들은 무명 화가들이 그린 해치 그림을 사다가 주로 부엌문에다 붙여 놓았어. 그러면 해치가 불을 잘 다스려 주고 복을 가져다준다고 믿었거든. 민화에서는 해치를 외뿔도 그리지 않고 장난기 어린 표정으로 그려서 친근감이 들게 하였어. 그러니까 모든 해치에 뿔이 달린 건 아니야. 그리는 사람에 따라서 모양이 조금씩 달라졌거든.

백악춘효 | 안중식 그림 | 1915년 | 국립중앙박물관 소장

개 같기도 하고
사자 같기도 한 모

  옛날 사람들은 부엌에 불을 다스려 주는 신이 있다고 생각했어. 그 신이 조왕신인데 부뚜막 뒤쪽에다 모셔 두었지. 조왕신은 무서운 귀신의 얼굴이 아니야. 부엌 뒤쪽 벽을 파고 그곳에다 놋쇠로 만든 밥그릇 하나를 모셔 두었는데, 그게 바로 조왕신이야. 그 밥그릇 안에는 항상 맑은 정화수가 담겨져 있었어. 부엌살림을 맡아서 하는 할머니나 어머니는 아침에 일어나서 가장 먼저 조왕신에게 새로운 물을 바친 다음

  "조왕신이시여, 오늘 하루도 부엌에서 아무런 일이 일어나지 않게 해 주시고, 우리 식구들 모두 오늘 하루 잘 지내게 해 주십시오."

  하고 기도했어. 늘 그렇게 조왕신 앞에서 기도를 하면서 하루를 시작한 거야.

  부엌은 식구들 먹거리를 장만하는 곳이야. 사람은 먹지 않으면 살 수가 없으니까, 부엌을 얼마나 중요하게 여겼겠니? 그 집에서 가장 중요하게 생각한 곳은 안방이나 광이 아니라 부엌이었어. 그러다 보니 부엌은 항상 깨끗했고, 부엌에서는 절대 큰소리를 내지 않았으며, 나쁜 생각을 하지 않는 게 도리라고 했어. 그래야만 음식이 깨끗해지고, 그런 음식을 먹어야 식구들이 건강해진다고 믿은 거야.

그렇게 부엌에다 조왕신을 모셔 놓았는데도 자주 불이 나거나 도둑을 맞으면

"점쟁이한테 가서 점을 보니까, 우리집은 부엌 터에 나쁜 기운이 강해서 조왕신만으로는 나쁜 귀신들을 막을 수가 없을 것 같으니, 모 부적을 붙이라고 하네."

하고는 그림 그리는 사람을 찾아가서 '모'라는 그림을 사 왔어. 모라는 동물이 어떻게 생겼는지 궁금하지? 임희지의 『노모도(老貌圖)』를 살펴볼까?

"선생님, 저것이 뭐래요? 개처럼 생겼는데 조금 달라요. 코가 술 먹은 사람처럼 빨갛네요. 사자 같은데 눈빛은 호랑이 같아요."

그래, 내가 보기에도 개 같지는 않구나. 얼굴은 사자 같기도 하고, 머리에는 '임금 왕(王)'이 새겨진 것으로 봐서는 호랑이 같기도 하고, 하여간 이상해. 이 녀석이 모라는 동물이야. 원래 모는 부엌에서 몰래 음식을 훔쳐먹는 도둑이었는데, 나중에는 부엌을 지키는 신이 되었어. 신이 된 모는 도둑이나 귀신을 보면 짖어서 쫓아냈다고 해.

불을 먹고 살면서 불을 다스린다는 해치도 부엌문에다 붙이는 상상의 동물이었지만, 모는 아궁이 속에서 이글거리는 불도 다스릴 뿐만 아니라 부엌으로 들어오는 온갖 귀신들은 물론 나쁜 기운까지 다 막아 주는 동물이야. 특히 그중에서도 나쁜 부엌 귀신을 잡는 전문가라고 할 수 있어. 좌우지간 이 녀석은 부엌으로 들어오는 나쁜 귀신만 보면 용감하게 짖어서 쫓아 버렸어.

임희지의 그림 왼쪽에는 이런 글이 적혀 있어.

눈은 동그랗게 코는 위로 치켜든다
수염을 세우고 혀를 내미니 위세가 이빨에서 보인다
발은 춤추고 귀는 앞으로

가견도 | 경기대박물관 소장

노예도 ｜ 김홍도 그림 ｜ 조선 시대 ｜ 북한 소재

왼쪽 오른쪽으로 몸을 흔드니 꼬리에서 기쁨이 보인다
용맹하면서도 온화해서 장난기를 숨긴다

   그 글만 보면 상상의 동물이 아니라 우리들 눈앞에서 재롱을 부리는 개와 비슷할 것 같아. 실제로 옛 사람들은 이런 그림을 보면서 그렇게 생각했는지도 몰라.
   아무튼 옛 그림들 중에서는 모하고 비슷하게 생긴 동물 그림이 많아. 김홍도의 『노예도(老猊圖)』도 모하고 비슷해. 우리나라 삽살개는 털이 얼굴을 가려서 눈이 잘 보이지 않아. 하지만 이 그림 속 동물은 눈과 코와 입이 또렷하게 보이고,

발톱이 호랑이 발톱이며, 송곳니 또한 무시무시해. 눈빛도 호랑이하고 거의 비슷해. 게다가 머리가 어찌나 큰지 아무리 보아도 삽살개 같지는 않아.

　우리나라 삽살개도 귀신을 알아보고 쫓는다고 알려져 있어. 그 소문이 중국까지 미쳐서 옛날 중국 사람들이 우리나라 삽살개를 사다가 키우기도 하였어. 삽살개하고 모는 생김새가 거의 비슷하고, 귀신을 잘 알아보는 것도 똑같아. 특히 늙은 모일수록 지혜롭고 귀신을 잘 알아본다고 했어. 그건 개도 마찬가지야. 옛말에 '늙은 개는 공연히 짖지 않는다'고 했어. 그만큼 개가 나이가 들면 지혜롭고 더 영리해진다는 뜻이야. 그래서 부적으로 쓰는 개 그림을 그릴 때도 늙은 개들을 그렸고, 부적으로 쓰는 모 그림도 늙은 모를 많이 그렸어.

　다른 그림들과 마찬가지로 모 그림도 어떤 화가는 순하게 그리고, 어떤 화가는 무섭게 그렸어. 아무튼 사람이 사는 집 부엌에서 꼭 필요한 상상의 동물이었기 때문에 호랑이나 사자하고 생김새가 비슷한 해치보다는 집 안에서 살아가는 개하고 비슷한 동물이 필요했을 거야. 모는 그래서 생겨난 상상의 동물이라고 할 수 있어.

불가사리 10곡 병풍 중 일부 | 채용신 그림 | 조선 시대 | 개인 소장

쇠를 먹을수록
커지는 불가사리

　　　　　내가 어렸을 때만 해도 바다에서 살아가는 불가사리를 아는 사람은 많지 않았단다. 간혹 불가사리라는 말이 나오면 당연히 '쇳덩어리를 다 집어 먹는 무서운 괴물'이라고 말했지. 바닷속에서 살아가는 별처럼 생긴 불가사리는 학교에 들어가서야 알았고,

　"혹시 바다에서 사는 저 불가사리도 쇠를 먹어요?"

　하고 선생님에게 묻기도 하였어. 왜 바다에서 사는 불가사리가 상상의 동물인 불가사리하고 같은 이름을 쓰게 되었는지 그건 잘 모르겠어.

　옛날 사람들은 불가사리가 어딘가에 살아 있으며, 간절히 불가사리가 나타나기를 바랄 때 나타난다고 믿었어. 특히 불가사리는 고려 시대에 많이 나타났어. 고려는 사람 사는 집이 반이고, 스님들이 사는 절이 반이라는 말이 나올 정도로 불교가 번성한 나라였고, 수많은 귀족들이 대대로 호화스럽게 살아가는 나라였어. 그러다 보니 일반 백성들은 늘 힘들 수밖에 없었어. 게다가 원나라처럼 힘이 센 나라의 침입을 받기도 했지. 왜적이 쳐들어오면 왕이랑 귀족들은 도망을 칠 수가 있었지만 일반 백성들은 도망도 치지 못하고 고스란히 수탈을 당했어. 이래저래

백성들은 힘들게 살 수밖에 없었지.

왕을 비롯하여 귀족들이나 승려들은 그런 백성들에게

"부처님께 열심히 기도를 해라. 그러면 좋은 날이 올 것이다. 나중에 죽어서 행복하게 사는 극락으로 가게 될 것이니, 열심히 부처님을 믿어라."

하고 말했어. 만약 불만을 가지고 왕이나 귀족들에게 대항하면 부처님께 벌을 받아 나중에 지옥에 간다고 하였어. 고려 시대에는 승려들도 귀족이나 마찬가지였거든.

고려 시대에 만들어진 거울인 『청동 신선 무늬 거울』을 보면 백성들의 간절한 소망을 알 수가 있어. 비록 이승에서는 힘들게 살아도 죽어서는 극락에 가서 편안하게 살고 싶은 열망이 드러나 있어. 거울을 보면 오른쪽에 커다란 나무 한 그루가 서 있어. 그게 바로 계수나무야. 달나라 신선들이 사는 곳에서만 자라는 나무라고 해. 그러니까 계수나무가 사는 곳은 무릉도원이나 극락세계처럼 모두 다 행복하게 사는 곳이야. 계수나무 앞에는 다리가 있고, 물이 흐르고 있어. 그 다리가 극락교야. 그 다리를 건너면 극락세계야. 극락교 아래에는 용이 한 마리 있어. 시냇물은 속세와 극락을 구분하는 경계선이고, 용은 그 시냇물을 지키는 수호신이야. 극락세계를 점령하려고 나쁜

청동 신선 무늬 거울 | 고려 시대 | 국립중앙박물관 소장

귀신들이 쳐들어오면 그 용이 무시무시한 불을 뿜거나 천둥 번개를 쳐서 물리치는 거야.

이 그림은 부처님을 열심히 믿으면 죽어서 극락에 갈 수 있다는 것을 표현한 거야. 시냇물 건너편에 있는 좋은 집들은 극락에 가면 귀족들처럼 잘살 수 있다는 것을 보여 주는 거지. 고려 시대에는 귀족들과 평민들의 삶이 너무 달랐어. 귀족들은 부를 대물림하면서 자손대대로 잘살았고, 평민들은 아무리 일을 해도 삶이 나아지질 않았어. 그래서 불교에 귀의하여 죽은 뒤에라도 극락에 가게 해 달라고 빌고 또 빌었던 거야. 하지만 그럴수록 불교는 더 타락했지. 그럴 때 신돈이라는 노비 출신의 승려가 나타나서

"이 나라를 어지럽히는 자들은 중놈들이다!"

하고 공개적으로 불교를 비판했어. 신돈은 왕의 신임을 얻자마자 개혁 정치를 했어. 귀족이나 승려 들의 특권을 없애고, 부당하게 귀족들에게 빼앗긴 토지와 부당하게 노비가 된 백성들을 원래의 상태로 되돌려 놓았어. 백성들 사이에서는 성인이 나타났다며 찬양을 받았지만 결국 신돈은 귀족들의 모함을 받아서 비참하게 죽게 돼. 그런데 신돈이 죽은 뒤 고려의 수도인 개성에는 이상한 소문이 돌았어. 이상하게 생긴 괴물이 나타나서 귀족이나 승려 들이 사는 집에 들어가서 쇠를 다 먹어치우고 불바다로 만들었다고 했지. 백성들은 그런 소문을 들을 때마다 가슴이 후련하고 통쾌했어.

"처음에는 그 괴물이 중놈들이 밥 먹는 젓가락, 숟가락, 가위 같이 작은 쇠를 먹더니 점차 호미, 괭이, 솥 같은 큰 쇠붙이까지, 나중에는 절에 있는 종까지 다 먹어치워서 지금은 집채만 한 괴물로 변했다고 하더구먼."

"억울하게 죽은 신돈이 그렇게 변해서 나타난 게 틀림없어!"

"왕이 군사들을 풀었지만 절대로 죽지 않는대. 칼과 창도 다 먹어 버리고, 화살도 날아오는 대로 다 먹어 버린다고 하니……."

그래서 이 괴물을 불가사리(不可殺伊)라고 하였어. 절대로 죽지 않는다는 뜻이지. 군사들이 불가사리를 태워 죽이려고 했으나, 불가사리는 죽지 않고 개성만 불바다가 되어 버렸다는 이야기들이 문헌에 전해 내려오고 있어.

어때, 대단하지? 불가사리는 곰의 몸에 코끼리의 코, 무소의 눈, 바늘 털, 범의 꼬리를 가지고 있대. 하지만 생김새는 시대나 지역에 따라 다 달라. 어떤 곳에서는 사자 머리에 소 꼬리를 가졌다고도 했고, 어떤 곳에서는 해치하고 비슷하게 생겼다고 했어. 어쨌든 처음에는 노래기처럼 작지만 쇠를 먹을수록 커져서 나중에는 산처럼 자란다고 하였어. 그러니 천하무적이지. 또한 불가사리는 정의의 동물이야. 늘 약한 사람들 편에 서서 강한 사람들을 혼내 주는 역할을 하였어. 그래서 왕이나 양반 들이 가장 싫어하는 동물이었지.

나는 얼마 전 영광 불갑사에 갔다가 깜짝 놀랐어. 불갑사에서 하얀 불가사리를 만났거든. 자, 그림을 보렴.

"어, 저건 그냥 코끼리 같은데요?"

"맞아요. 책을 든 사람이 코끼리 등에 탄 것 같아요."

애들아, 나도 처음에는 그렇게 봤단다. 이 그림은 아주 컸는데 하얀 코끼리만이 보였어. 코끼리 등에 탄 사람은 불경을 들고 어디론가 가는 동자야. 불교에서는 하얀 코끼리를 상서로운 동물이라고 한단다. 그래서 불교 국가인 태국에서는 하얀 코끼리를 천연기념물처럼 보살피고 있지. 예로부터 코끼리는 불교를 수호하는 동물이라고 알려졌어. 그래서 당연히 하얀 코끼리인 줄 알았는데 자세히 보니 뭔가 달랐어. 우선 긴 코는 영락없는 코끼리야. 긴 코 옆으로 솟구쳐 있는 날카로운 상아도 코끼리가 분명해. 그 코끼리가 부처님처럼 인자하게 웃고 있구나! 그런데 웃는 모습이 코끼리 같지는 않아.

"어, 그러고 보니 입이 이상하군요. 코끼리는 입을 저렇게 벌릴 수가 없어요."

"진짜 그래요. 혓바닥이 다 보이잖아요?"

"게다가 목에 긴 갈기털이 있어요. 코끼리는 갈기털이 없잖아요?"

"귀도 너무 작아요. 코끼리는 귀가 엄청 크잖아요?"

이제야 알아차렸구나! 그래, 이 동물은 긴 코랑 상아만 코끼리이고 나머지 부분은 다른 동물이야. 목에 둘러진 치렁치렁한 갈기털은 바로 숫사자의 털이야. 코끼리의 머리하고 사자의 머리가 합쳐진 거야. 그리고 통통한 다리를 보렴. 발가락이 모두 갈려져 있고. 그 끝에는 날카로운 발톱이 숨어 있어. 코끼리의 발은 그냥 뭉툭하게 생겼단다. 이렇게 발가락이 앞쪽으로 펴져 있지 않아. 뒷발을 보면 더욱 코끼리하고 다르다는 걸 알 수가 있어. 뭉툭한 코끼리 발하고는 완전히 다르지? 이건 날렵한 사자나 호랑이의 발이야.

동자를 태우고 가는 불가사리 | 전라남도 영광군 불갑사 소재

게다가 꼬리도 달라. 돼지 꼬리처럼 가늘고 짧은 코끼리의 꼬리가 아니야. 이건 말이나 소의 꼬리야. 그러니 이건 코끼리가 아니고 하얀 불가사리야.

어린 동자는 코끼리보다 훨씬 강한 불가사리를 타고 어디론가 가고 있어. 하지만 저 불가사리가 있는 한 그 어떤 요괴도 이 동자를 해칠 수가 없을 거야. 아마 이 동자는 아주 중요한 일을 하기 위해서 가고 있는 게 분명해. 그래서 이 그림을 그린 화가는 불교의 수호신이라고 하는 흰 코끼리보다 더 강력한 상상의 동물인 불가사리를 그려 놓은 거야. 이렇게 불가사리는 불교에서도 아주 중요한 상상의 동물이었어.

나는 불가사리가 지금도 살아 있기를 바라. 그래서 자기들만 잘살겠다고 하는 부자들이랑 돈 많은 관리들을 다 혼내 줬으면 좋겠어.